中等职业教育项目化教学精品教材——财经商贸类

主　编　熊　江
副主编　易　明
编　写　熊　江　易　明　余　虹　罗春林

市场营销实务

Shichang Yingxiao Shiwu

暨南大学出版社
JINAN UNIVERSITY PRESS

中国·广州

图书在版编目（CIP）数据

市场营销实务/熊江主编．—广州：暨南大学出版社，2013.2（2017.10 重印）
（中等职业教育项目化教学精品教材．财经商贸类）
ISBN 978－7－5668－0430－3

Ⅰ.①市…　Ⅱ.①熊…　Ⅲ.①市场营销学—中等专业学校—教材　Ⅳ.①F713.50

中国版本图书馆 CIP 数据核字（2012）第 292131 号

市场营销实务
SHICHANG YINGXIAO SHIWU
主　编：熊　江

出 版 人：徐义雄
责任编辑：黄文科
责任校对：黄　颖　周海燕
责任印制：汤慧君　周一丹

出版发行：暨南大学出版社（510630）
电　　话：总编室（8620）85221601
营销部（8620）85225284　85228291　85228292（邮购）
传　　真：（8620）85221583（办公室）　85223774（营销部）
网　　址：http：//www.jnupress.com
排　　版：广州市天河星辰文化发展部照排中心
印　　刷：虎彩印艺股份有限公司
开　　本：787mm×1092mm　1/16
印　　张：12.5
字　　数：290 千
版　　次：2013 年 2 月第 1 版
印　　次：2017 年 10 月第 4 次
印　　数：4401—5400 册
定　　价：28.00 元

前 言

市场营销是一门综合性的应用学科和专业性的社会实践。

基于目前“渠道制胜，决胜终端”的营销趋势，我们要求现代营销一忌“酒香不怕巷子深”，二忌“包子好坏吃了说”。进入21世纪以来，传统的营销观念发生了深刻的变化。在以客户为中心、竞争无所不在、营销过度的今天，现实要求市场营销教育在教学内容、教学手段和人才培养模式上必须创新。

本书作者在多年的教学实践和对现代市场营销理论研究的基础上，结合职业教育教学的要求，在教材编写中力求突出职业教育特色，注重职业技能的培养和训练。

本教材不仅可以作为市场营销、企业管理及相关领域的专业教材，也可作为企业营销人员的培训教材，还可作为各界商务人士的自学参考用书。

本教材在教学方法上以学生为中心，采用案例教学法、项目教学法、头脑风暴法等，大量穿插经典案例、小思考、任务互动，还结合精讲多练、边讲边练、讲练结合、师生互动等法，激发学生思维，开拓学生视野，增强学生悟性，提升营销技能水平，培养实际应用能力。

本教材在编写体例上，分九大模块，每个模块前都有知识目标、技能目标、引导案例；模块中的相关知识分若干项目进行教学活动；模块后安排模块小结、练习题、技能实训，便于学生理解、掌握市场营销的基本理论与基本技能。

本教材由“首届中国职业院校教学名师”熊江任主编，易明任副主编。罗春林老师参与编写模块一、三、五、七、九的案例与习题，余虹老师参与编写模块二、四、六、八的案例与习题。

由于编者水平有限，加上是按照新营销教学模式编写，难度大、时间紧、任务重，可能存在不足或疏漏之处，恳请广大读者与同仁提出宝贵的意见和建议。

编者

2012年10月

目　录

前　言 …………………………………………………………………………………… 1

模块一　市场营销理念 ………………………………………………………………… 1
项目 1　市场营销学的产生与发展 ……………………………………………… 2
项目 2　市场的内涵 ……………………………………………………………… 4
项目 3　市场营销的核心概念 …………………………………………………… 7
项目 4　市场营销观念的发展 …………………………………………………… 11

模块二　市场营销环境分析 …………………………………………………… 21
项目 1　市场营销环境分析 ……………………………………………………… 22
项目 2　营销环境 SWOT 分析 ………………………………………………… 29

模块三　消费者购买行为分析 ………………………………………………… 37
项目 1　消费者购买行为分析 …………………………………………………… 38
项目 2　生产者市场购买行为分析 ……………………………………………… 46

模块四　目标市场营销策略 …………………………………………………… 50
项目 1　STP 营销 ………………………………………………………………… 51
项目 2　市场细分 ………………………………………………………………… 52
项目 3　目标市场的选择 ………………………………………………………… 67
项目 4　市场定位 ………………………………………………………………… 77

模块五　市场营销组合 ………………………………………………………… 92
项目 1　市场营销组合的特点 …………………………………………………… 93
项目 2　市场营销组合的内容 …………………………………………………… 93

模块六　产品策略 ……………………………………………………………… 100
项目 1　产品与产品组合 ………………………………………………………… 101
项目 2　产品的市场生命周期 …………………………………………………… 106
项目 3　新产品开发 ……………………………………………………………… 112
项目 4　品牌与包装 ……………………………………………………………… 117

模块七　定价策略 …… 126
项目1　影响商品定价的主要因素 …… 127
项目2　定价方法 …… 131
项目3　定价策略 …… 137

模块八　渠道策略 …… 148
项目1　分销渠道的作用与类型 …… 149
项目2　分销渠道的设计与选择 …… 152
项目3　中间商的类型 …… 154
项目4　分销渠道的管理 …… 158

模块九　促销策略 …… 169
项目1　促销与促销组合 …… 170
项目2　广告促销策略 …… 175
项目3　公共关系促销 …… 179
项目4　人员推销策略 …… 182
项目5　营业推广策略 …… 186

参考文献 …… 195

模块一　市场营销理念

【知识目标】

1. 理解市场营销的基本概念和基本原理
2. 掌握现代市场营销观念的内容
3. 准确表述市场营销学的发展历程
4. 分析企业营销观念的含义及其演进，比较新旧观念的根本区别
5. 树立以顾客为中心的市场营销观念

【技能目标】

1. 了解市场营销学的发展历史演进过程
2. 认识市场的类型
3. 领会交换、交易、关系三者的关系
4. 领会需要、欲望、需求三者的关系
5. 领会价值、满意、质量三者的关系
6. 领会传统营销观念和现代营销观念的区别
7. 正确解释市场营销的基本概念和基本原理，分析交易的发生
8. 正确运用现代市场营销观念分析问题、解决问题

【引导案例】

"王麻子"剪刀

在中国刀剪行业中"王麻子"是著名的中华老字号。但从1995年开始，"王麻子"的好日子一去不复返，陷入连年亏损的地步，甚至落魄到借钱发工资的境地。审计资料显示，截至2002年5月31日，北京王麻子剪刀厂资产负债率高达216.6%，积重难返的"王麻子"，只好向法院申请破产。

思考：

曾经是领导品牌的"王麻子"为什么会走到破产的境地？

分析：

长期以来，王麻子剪刀厂的主要产品一直延续传统的铁夹钢工艺，尽管它比不锈钢剪刀要耐磨好用，但因为工艺复杂，容易生锈，外观档次低，已无竞争优势；数十年来"王麻子"剪刀的外形设置也没有任何变化；"王麻子"剪刀没有采取措施，及时引进新设备、新工艺。"王麻子"剪刀的衰落，一方面是没有树立以消费者为中心

的观念，自认为“酒香不怕巷子深”，老字号的优越感让企业走向了失败。

另一方面，“王麻子”缺乏品牌的提升和保护意识，不注重品牌塑造和宣传，甚至还是依靠口口相传的方式去传播知名度，范围有限。一位经济学家说，他小的时候，“王麻子”剪刀就是那样子，现在还是那样子，没什么大的变化。而一些新品牌尤其是国外的品牌式样却很多，很精美。相比之下，“王麻子”剪刀显得太土气了。

项目1　市场营销学的产生与发展

市场营销学作为一门独立学科，于19世纪末20世纪初最早产生于美国。它的发展大致经历四个阶段：

1. 形成阶段（19世纪末至20世纪20年代）

20世纪初，主要资本主义国家先后完成了工业革命。经过工业革命的资本主义国家的劳动生产率得到了提高，生产迅速发展，经济增长很快，市场上开始出现了商品过剩的现象。这样，使原来以供不应求为特征的“卖方市场”发生了变化，出现了市场商品的增长速度超过了对商品需求增长速度的状况。一些敏锐的、具有远见卓识的企业家开始进行市场分析、研究，并且采用为顾客服务的营销措施，开始重视产品推销，研究推销技巧和广告宣传，刺激消费者需求。

小贴士

可口可乐商标由红白两色组合的可口可乐文字加一条S形白色飘带组成。

1902年，美国密执安大学、加利福尼亚大学和伊利诺大学经济系正式设置了市场营销专业的课程。

1912年美国哈佛大学J. E. 赫杰特齐教授写出了第一部以“市场营销学”命名的教科书。这标志着市场营销已经作为一门独立的学科登上了科学的舞台。

小思考

你认识营销职业吗？了解市场营销职业的种种称呼吗？这种职业首先在哪些国家受到重视？它给个人和社会带来些什么？在我国人们如何认识营销职业？从事营销职业有无特殊的技能知识和个性品质方面的要求？

2. 成长阶段（20世纪20年代至“二战”结束）

1929—1933年资本主义经济危机爆发。1937年美国市场营销学家与实业家相结合，共同组成了美国市场营销学协会（American Marketing Association，AMA）。在这一时期，随着市场营销研究的深入，以及它的研究成果被一些企业成功地采用，市场营销的研究范围和研究深度都有了较大的进展。

【案例】

在中国的汽车消费市场中，有一句对营销界影响深远的谚语叫作“开宝马，坐奔驰”。

思考：

为什么会这样划分呢？

分析：

营销理念不同，当然卖点不同。奔驰是用来“坐”的，宝马是用来“开”的，萝卜白菜，各有所爱！“开宝马，坐奔驰”这样的说法主要是指宝马和奔驰在驾驭性和舒适性方面各有所长，从市场理念可以看出，宝马的设计处处为驾驶着想，造纯粹的驾驶机器，宝马最初以运动车型著称，运动性能很好，而操纵性也是一流，所以让人有宝马的驾驭感更加一流的感觉。而奔驰由于其作为商务车十分出名，所以，在豪华舒适性方面自然会比较讲究，强调为后座乘客提供顶级享受服务。两者进行不同的市场定位，走不同的市场发展方向。

3. 发展阶段（“二战”后到20世纪50年代）

第二次世界大战后到20世纪50年代是市场营销学的发展阶段。这一阶段，不仅市场营销方面的专著、论文出版了很多，市场营销的理论内容也有了新的发展，提出了许多有价值的新概念，特别是以消费者为中心的新的市场营销观念。E. J. 麦克塞把企业的全部可控手段归纳为“4P”，即产品（Product）、价格（Price）、渠道（Place）、促销（Promotion），麦克塞的市场理论使市场营销学成为一门具有比较完整体系的学科。

小思考

如何理解在市场经济中，营销无处不在。

4. 成熟阶段（20世纪60年代至今）

20世纪60年代是西方资本主义经济高速发展的时期，市场营销的研究进入了一个新的发展阶段。随着研究内容的深入，市场营销理论更加完善，提出了许多新的观点和思想。1972年菲利普·科特勒的《战略市场营销学》提出必须从整体的战略规划出发，制订与之相适应的计划和策略等。

【任务互动】

第一步，学习者了解本项目的主要内容和要求；

第二步，学习者阅读有关案例并提问；

第三步，参与活动并完成练习。

【案例】

20世纪40年代，上海有一家菜馆，以经营宫廷名菜“贵妃鸡”和“太后肉”为特色，为了扩大影响，该店老板竟想出一着妙招，高价征求电话号码谐音，最佳者给予奖励。最后，应征结果是92178的谐音“敬尔一浅杯”和97430的谐音“究竟此菜灵”获得奖励。

分析：

为了扩大影响，提高知名度和美誉度，通过高价征求电话号码谐音来达到促销的目的不失为出奇制胜的妙招。在高价征求电话号码谐音过程中，受好胜、好奇、求利心理驱使，应征者冥思苦想，从而加深了菜馆对电话有着特殊要求的印象。也因为谐音关系，征求的电话号码分外好记，深入人心，打电话订餐的顾客纷至沓来，生意十分兴隆。

【课堂思考与练习（一）】

填空题

1. 市场营销学是20世纪初在（　　）产生的。

2. 1912年（　　）写出第一本以“Marketing”命名的教科书，被认为是市场营销学作为一门独立学科出现的标志。

项目2　市场的内涵

一、市场的含义

市场营销是由英语Marketing一词翻译过来的。市场是由一切具有特定欲望和需求，并且愿意和能够以交换来满足此欲望和需求的潜在顾客构成的。从营销的角度看待市场，市场是由人口、购买力和购买欲望三者有机组成的综合体。它包括三个主要因素，即有某种需要的人、为满足这种需要的购买能力和购买欲望，用公式来表示就是：

市场＝人口＋购买力＋购买欲望。

1. 人口

人口是构成市场最基本的条件。凡有人居住的地方，就有衣、食、住、行、用等各种物质和精神方面的需求，从而才可能有市场。没有人就不存在市场。

2. 购买力

有支付能力的需求才是有意义的市场。购买力是消费者支付货币、购买商品或劳务的能力。消费者购买力是由消费者的收入决定的。所以，购买力是构成营销市场的又一个重要因素。

3. 购买欲望

购买欲望是指消费主体购买商品的动机、愿望或要求，是消费者把潜在购买力变成显性购买力的重要条件，因而也是构成市场的基本因素之一。从某种意义上说，它是决定市场容量最权威的因素。

市场的这三个因素是相互制约、缺一不可的，只有三者结合起来才能构成现实的市场，并决定市场的规模和容量。

【案例】

秦池现象

秦池酒厂是山东省临朐县的一家生产“秦池”白酒的企业。1990 年 3 月正式领到工商执照。1995 年，秦池以 6 660 万元中标央视黄金广告时间段成为“标王”，由此一夜成名，其白酒也身价倍增。1996 年，秦池以 3. 2 亿元的天价再次成为“标王”。根据秦池对外通报的数据，当年度企业实现销售收入 9. 8 亿元，利税 2. 2 亿元，增长五六倍。“一个县级小企业怎么能生产出 15 亿元销售额的白酒?”北京《经济参考报》的记者提出了质疑，“标王”在成为众人关注的焦点之时却没想到由此而引来灭顶之灾。1997 年初，一则关于“秦池白酒是用川酒勾兑”的系列新闻报道，彻底把秦池从“标王”的宝座上拉了下来。一位业内人士把秦池现象归结为：秦池 = 疯狂的广告 + 简单的勾兑，就是这注定了秦池的失败。

二、市场的类型

（一）根据商品流通的时间来划分市场

1. 现货市场

现货市场是一手交钱一手交货，就是在交易时付款即交割货物。它是指对与期货、期权和互换等衍生工具市场相对的市场的一个统称。

2. 期货市场

期货市场是交易双方达成协议或成交后，不立即交割，而是在未来的一定时间内进行交割的场所。它是在现货市场基础上发展起来的高度组织化和规范化的市场形式。

期货是相对现货而言的。他们的交割方式不同。现货是现钱现货，期货是合同交易，也就是合同的相互转让。期货的交割是有期限的，在到期以前是合同交易，而到期日却是要兑现合同进行现货交割的。所以，期货的大户机构往往是现货和期货都做的，既可以套期保值也可以价格投机。

（二）根据商品流通的环节来划分市场

1. 批发市场

是指个人或企业单位把自己的商品或替委托人把商品卖给最后消费者以外的任何购买者的交易活动。

2. 零售市场

是指个人或企业单位把商品直接卖给最后消费者的交易活动。

（三）根据商品流通的地域范围来划分市场

1. 区域市场

商品在地区范围内流通形成区域市场，区域市场一般是在经济区域的基础上形成的。区域市场又可分为本地市场和外地市场、城市市场和农村市场、沿海市场和内陆及民族地区市场等。

2. 国内市场

国内市场则是在主权国家的范围内建立起来的，在国内市场（包括区域市场）上币制是统一的，指导商品流通的宏观调控目标及其效果也是协调一致的。

3. 国际市场

国际市场是在国际分工的基础上形成的商品在世界范围内流通的市场，与国内市场不同，国际市场上的商品不完全是按照商品自由流通组织交换的，只有在若干个国内市场建立了自由贸易的基础上，才能在国际市场上实现商品的自由流通。

小贴士

美国 AT&T 进入中国电信市场。AT&T 投资 2 500 万美元，取得上海宽频网络服务公司 25% 的股权，成为第一家合法进入中国市场的外资电信企业。

（四）根据市场的竞争程度来划分市场

1. 完全竞争市场

指一个行业中有非常多的独立生产者，他们都以相同的方式向市场提供同类的、标准化的产品，如粮食、棉花、西瓜等农副产品市场。

2. 完全垄断市场

指一个行业只有一家企业，或一种产品只有一个销售者或生产者，没有或基本没有别的替代者，如电力公司、自来水公司等。

3. 寡头垄断市场

指一种产品在拥有大量消费者或用户的情况下，由少数几家大企业控制了绝大部分生产量和销售量，剩下的一小部分则由众多小企业去经营，如手表、电视机、电冰箱等。

4. 不完全垄断市场

指一个行业中有许多企业生产和销售同一种商品，每一家企业的产量或销量只占总需求量的一小部分，如食品、服装、百货等。

（五）根据市场状况来划分市场

1. 卖方市场

指在商品供不应求的条件下，卖方把持市场主动权。

2. 买方市场

指在供求大体平衡或供大于求的条件下，买方具有市场主动权。

（六）根据商品属性来划分市场

1. 一般商品市场

包括消费品市场和生产资料市场。

2. 特殊商品市场

包括房地产市场、金融市场、资本市场、技术市场、信息市场、劳动力市场等。

小贴士

美国广播公司简称ABC，A是美国的第一个字母，B是广播的第一个字母，C是公司的第一个字母。

（七）根据购买行为的特点来划分市场

1. 消费者市场

是指为满足生活需要而购买商品或服务的个人和家庭。它是一切市场的基础，也是起决定性作用的市场。

2. 组织市场

包括产业市场、中间商市场和非营利组织市场。

【课堂思考与练习（二）】

如何正确理解营销学中的“市场”含义？

项目3 市场营销的核心概念

一、市场营销的基本含义

美国市场营销协会定义委员会在1960年给市场营销下了这样一个定义：“市场营销是引导商品和劳务从生产者流向消费者或用户的企业商务活动过程。”

市场营销是指指导生产和流通以及连接生产、流通和消费的一系列经营活动。国外称之为“生产前的引桥和销售后的引桥及衔接生产与消费的桥梁”。

市场营销是与市场有关的人类活动，它以满足人类各种需要和欲望为目的，通过市场变潜在交换为现实交换的活动。市场营销是个人或组织通过创造并同他人或组织交换产品和价值以获得其所需所欲之物的一种社会活动过程。其基本含义包括以下几个方面：

（1）市场营销以消费需求为出发点。

（2）市场营销以营销组合为手段。

（3）市场营销以满足需要求得利润。市场营销是一种满足人们需要的行为。消费者的各种需要和欲望是企业营销工作的出发点。因此，企业必须对市场进行调研，寻求、了解、识别并研究和掌握消费者的需要和欲望，从而通过掌握需求量的大小来谋求利润。

（4）市场营销是一种创造性行为。它不仅寻找已存在的需要并满足它，而且激发和解决顾客并没有提出的要求，使他们热烈响应企业的营销行为，正像索尼公司的创始人盛田昭夫宣称的，他不是服务于市场而是创造市场。

（5）市场营销是一种自愿的交换行为。买卖双方自由交换使各方通过提供某种东西并取得回报。

（6）市场营销是一个系统的管理过程。它不仅包括生产、经营之前的具体经济活动，如收集市场环境信息、市场调研、分析市场机会、进行市场细分、选择目标市场、设计开发新产品等，而且还包括生产过程完成之后进入销售过程的一系列具体的经济活动。

（7）市场营销是企业参与社会活动的一种纽带。营销是连接企业与社会的纽带。营销工作者在制定营销政策时必须权衡企业利益、顾客需要和社会利益。只有满足社会利益的企业才能长久不衰地成功经营。

【案例】

彼得·杜拉克说：“营销的真正内涵是使销售成为多余。”

思考：

市场营销就是推销、广告等促销活动吗？

分析：

市场营销不等于推销，推销仅仅是市场营销的一个组成部分。现代市场营销的核心内容，就是“以消费者为中心，想消费者之所想，急消费者之所急，适消费者之所需”。为此，必须从调查消费者需要开始，在弄清消费者需求爱好的前提下，从产品设计、功能、名称、包装、价格、促销等诸方面全面为消费者着想，当你真正做到了以消费者为中心，推销就显得不必要了。

二、市场营销的核心概念

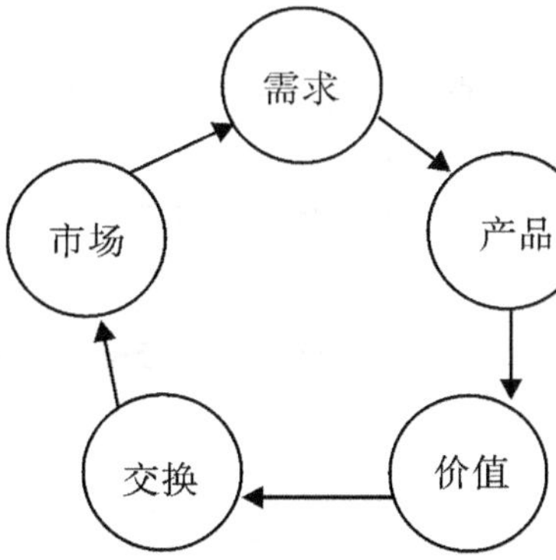

图 1－1　营销的核心概念

市场营销涉及的核心概念主要包括：需求、产品、价值、交换和市场等。

（一）需求

市场营销最基本的概念是人的基本需求。

需要、欲望与需求三者的关系如下：

（1）需要是指人类没有得到某些满足的感受状态。如人为了生存需要食物、衣服、房屋等，这些需要是存在于人本身的生理需要和自身状态之中的。

（2）欲望是指人们希望得到更深层次的需要的满足。指人们想得到上述某些基本需要的具体满足物的愿望。如某公务员希望上班时穿漂亮时装、休闲时打高尔夫球，这便是欲望。

（3）需求是建立在有支付能力且愿意购买两个条件之上，是指有能力购买并且愿意购买某个具体产品的欲望。

当有购买力支持时，欲望即变为需求。将需要、欲望和需求加以区分，其重要意义就在于阐明这样一些事实，即市场营销者并不创造需要；需要早就存在于市场营销活动出现之前；市场营销者连同社会上的其他因素只能影响人们的欲望，并向人们提出各种特定产品如何满足特定需要，进而通过使产品富有吸引力、适应消费者的支付能力和使之容易得到等途径来影响需求。

（二）产品

产品是指任何可以满足人类某种需要或欲望的东西。

一个妇女购买化妆品，她购买的是一种美好的“愿望”。人们不是为了产品的实体购买产品，而是因为产品实体是服务价值的载体，即通过购买某种产品实体能够获得自己所需要的服务。市场营销者的任务，是向市场展示产品实体中所包含的利益或服务，而不能仅限于描述产品的形貌，否则，将导致企业“市场营销近视”，即市场营销管理中缺乏远见，只看见自己的产品质量好，看不见市场需要在变化，最终使企业经营陷入困境。

（三）价值

价值、满意、质量三者的关系：

（1）价值主要是指顾客价值，即指顾客从拥有和使用某产品中所获得的价值与为取得该产品所付出的成本之差。

（2）满意是指顾客满意度，它取决于消费者所理解的一件产品的性能与期望值的比较。

（3）质量是指与一种产品或服务满足顾客需要的能力有关的各种特色和特征的总和。

（四）交换

交换是市场营销的核心功能，是市场营销理论的中心。交换是先于市场营销的前提性概念。交换、交易、关系三者的关系如下：

（1）交换是指通过提供某种东西作为回报，从别人那里取得所需物品的行为。市场交换一般包含五个要素：①有两个或两个以上的买卖者；②交换双方都拥有对方认为有价值的东西；③交换双方都拥有沟通信息和向另一方传送货物或服务的能力；④交换双方都可以自由接受或拒绝对方的产品；⑤交换双方都认为值得与对方进行交换。这五个条件满足以后，交换才可能发生。但是，交换是否真正发生，最终还取决于交换双方是否找到了交换的条件，或者说，交换双方是否能认同交换的价值。如果双方确认通过交换能得到更大的利益和满意，交换就会实际发生。

（2）交易是交换活动的基本组成单位，是由双方之间的价值交换所构成的行为。

（3）关系是指企业与顾客、分销商、经销商、供应商等建立、保持并加强联系，通过互利交换及共同履行诺言，使有关各方实现各自的目的。应该指出的是，交换不仅仅是一种交易，而且是建立关系的过程。精明的市场营销人员总是试图与顾客、批发商、零售商以及供应商建立起长期互利、相互信任的关系。

关系营销的结果是企业建立了一个营销网络，这个网络由公司及其他利益相关者所构成，包括顾客、员工、供应商、分销商、零售商、广告代理人等。拥有完善的营销关系网络的企业，在市场竞争中就能取胜。

交换是一个过程，一旦达成交换协议，交易也就产生。若要发生交易，我们必须能够说“A 把 X 给 B 同时获取了 Y”。

（五）市场

市场营销学中的市场，是指一切具有特定欲望和需求并且愿意和可能从事交换来使欲望和需求得到满足的潜在顾客所组成的消费者总体。市场营销学认为卖主构成行业，买主构成市场。所以，衡量一个市场的规模大小，有三个主要尺度：人口、购买欲望、购买力。现代社会由无数的市场组成，以买主购买目的的不同进行划分，可以分为消费品市场、生产者市场、转卖者市场、政府市场等。

【任务互动】

任务内容：收集一些以顾客为中心的市场营销知识。

任务目的：做到真正能够完全地理解“消费者是上帝”的经营理念。

任务步骤：第一步，收集资料；第二步，整理资料；第三步，编辑资料。

【课堂思考与练习（三）】

判断题

1. 市场营销就是研究产品的销售。(　　)
2. 研究消费者需求就是研究消费者需要。(　　)
3. 市场营销是销售部门的工作。(　　)
4. 在销售者看来，其他销售者是竞争者，只有购买者才构成市场。(　　)
5. 市场营销人员可以通过营销活动创造需要。(　　)

项目4　市场营销观念的发展

市场营销观念的核心问题是：以什么样的营销哲学或营销理念来指导企业开展生产经营活动?

【案例】

在20世纪60年代中期，有两个鞋厂的营销员先后来到南太平洋的一个岛屿上，两人此行的目的都是寻找市场机会，开拓市场。经过市场调查和消费者分析后，两人都发现了一个共同的事实：这个岛屿上人人光脚，都不穿鞋子。在这一事实面前，一个人沮丧不已，给公司总部发回的信息是：“岛上无人穿鞋，我决定明天返回。”另一个却大喜过望，给公司总部发回的信息是：“岛上无人穿鞋，好极了，这是一个巨大的潜在市场。我将驻在此地，开拓皮鞋市场。”

思考：

为什么面对同一个现实市场，两人却得出截然相反的结论呢?

分析：

原来，不同的营销理念有着不同的分析判断。前者认为，不穿鞋的人永远不穿鞋，没有市场；后者则认为，今天不穿鞋不等于永远不穿鞋，市场机会和市场潜力无限大。

市场营销观念是企业在组织和谋划市场营销实践活动时所依据的指导思想和行为准则，是企业经营者对于市场的根本态度和看法，是一切经营活动的出发点，也是一种经营哲学或思维态势。简言之，市场营销观念是一种观点、态度和思想方法。一定的市场营销观念是一定社会经济发展的产物。

市场营销观念正确与否关系到企业营销活动的成败，影响着企业的生存与发展。

小贴士

现代营销，一忌“酒香不怕巷子深”，二忌“包子好坏吃了说”。

市场营销观念的发展大体上经历了五个阶段，即生产观念、推销观念、市场营销观念、社会营销观念和绿色营销观念。

一、生产观念

1. 中心理念

生产观念是一种以生产为中心的市场观念。

2. 企业主张

企业主张“生产什么，就卖什么”。

3. 产生背景

生产观念是在卖方市场条件下产生的。西方资本主义国家在工业化初期，社会生产还比较落后，国民收入还很低，由于物资短缺，需求旺盛，产品供不应求，市场需求基本上是被动的，市场呈现供不应求的现象，消费者对商品没有太多的选择权。因此企业的主要任务是努力提高效率、扩大生产、降低成本。企业的一切生产经营活动都以生产为中心，围绕生产来安排一切业务。

4. 实质内容

生产观念是一种重生产、轻市场（销售）的指导思想，导致“我们能生产什么，就卖什么”。

由于产品销路不成问题，销售工作当然不受重视，生产观念可以概括为：“我们会做什么，就生产什么。”生产观念立足于两个重要前提：一是消费者的注意力只集中在是否买得起和价格便宜与否上；二是消费者并不了解同类产品还有非价格差异（如质量、花色品种、造型、外观等）。在这种观念的指导下，生产和销售的关系必然是“以产定销”。

二、推销观念

1. 中心理念

推销观念是以推销为中心的市场观念。

2. 企业主张

企业主张“我们卖什么，就让人们买什么”。

3. 产生背景

推销观念是在“卖方市场”向“买方市场”过渡期间产生的。从生产不足进入到生产过剩，竞争越来越激烈。

4. 实质内容

推销观念是一种重推销、轻市场的市场观念。“我们卖什么，就让人们买什么”，就是不问消费者是否真正需要，而是不择手段地采取各种推销活动，把商品推销给消费者。

推销观念强调：消费者一般不会主动选择和购买商品，只能通过推销产生的刺激，诱导消费者产生购买行为。这样，推销部门的任务就是采用各种可能的手段和方法，去说服和诱导消费者购买商品。至于商品是否符合顾客的需要，是否能让顾客满意，顾客是否会重复购买等问题，都无关紧要。

推销观念的产生，说明销售工作在企业营销管理工作中的地位得到大大提升。但是，从生产者和市场的根本关系来看，仍然没有跳出“以生产者为中心”的圈子。因此，基本上仍然属于陈旧的营销观念。

三、市场营销观念

1. 中心理念

市场营销观念是一种以消费者需求为中心的市场观念。

2. 企业主张

企业主张“顾客需要什么，我们就生产什么”。

3. 产生背景

市场营销观念是在买方市场条件下产生的，“二战”后，科技革命进一步兴起，军工转民用，生产效率大大提高，生产规模不断扩大，社会产品供应量剧增；高工资、高福利、高消费政策导致消费者购买力大幅度提高，需求和欲望不断发生变化；企业间的竞争进一步加剧。导致企业的一切行为都要以市场的需要作为出发点，而又以满足市场的需要为归宿。

4. 实质内容

市场营销观念的原则是“顾客需要什么，就生产和销售什么”或者“市场能销售什么，就生产什么”。在这种观念指导下，企业的中心工作不再是单纯追求销售量的短期增长，而是着眼于长久地占领市场阵地。因而提出了“哪里有消费者的需要，哪里就有我们的机会”和“一切为了顾客的需要”等口号。

许多企业家认识到：在进行生产之前，必须首先分析和研究消费者的需要，在满足消费者需要的基础上，企业才能生存和发展。按照市场营销观念，市场不是处于生产过程的终点，而是起点，不是供给决定需求，而是需求引起供给，哪里有需求，哪里才有生产和供给。

【案例】

露华浓香水因您而变

法国露华浓公司是世界首屈一指的大型化妆品及香水生产企业，其生产的一系列高品质产品在世界香水市场中享有很高声誉。

20 世纪 70 年代初，公司在一次销售调研中发现，当时的女性正刻意表现自己独特的个性。针对这一市场变化，露华浓公司很快就为 70 年代新女性推出了一种名为“查理”的香水，并将这种香水称为世界上第一种“生活方式”型香水。产品推出之后，很快便引起了强烈反响。数以千计欲标榜自身独立的女性消费者争相购买“查理”香水。“查理”香水很快就成为当时世界上最为畅销的香水，且历经五六年不衰。

20 世纪 70 年代末期，公司在销售调研过程中发现，女性正逐渐摆脱以往的独立感而期望重新表现出女性化。对此，露华浓公司又适时地生产出“琼特”香水以取代“查理”香水。

（来源：张润琴．市场营销基础．北京：高等教育出版社，2008）

思考：

1. 露华浓公司成为香水业巨头，并始终保持领先地位的根本原因是什么？
2. 露华浓公司的经营活动体现了什么样的营销观念？
3. 露华浓公司是如何有效运用这一营销观念的？

分析：

1. ①树立了正确的营销观念。②注重市场调研工作，能够根据销售调研中反馈的各种信息及时推出适合消费者需求的产品。
2. 以消费者的需要为中心，通过掌握目标市场消费者的最新变化情况，随时推出新的产品，以适应其变动中的需要。
3. 产品只有适合消费者的需求才会有销路，这一“需要”既包括物质上的，也包括心理上的，对于化妆品来说，心理上的需要可能更为重要。露华浓公司的市场调研部门正是从这一观念出发，时刻关注消费者的心理动向。当她们欲追求独立，表现个性时，就生产出与之相适应的产品；当她们又期望重新回归女性化时，便又生产出她们的所需之物。

四、社会营销观念

1. 中心理念

社会营销观念是一种把消费者利益、社会利益和企业利益三者相结合的市场观念。

2. 企业主张

企业主张“消费者权益保护”。

3. 产生背景

社会市场营销观念产生于20世纪70年代，当时西方资本主义国家出现能源短缺、失业增加、环境不断遭到破坏、资源日趋短缺、人口爆炸性增长、通货膨胀等社会问题。

4. 实质内容

现代企业的合理行为应该是满足社会发展、消费者需求、企业发展和职工利益这四方面的利益。

社会营销观念的基本论点是：企业在生产和提供任何产品或服务时，不仅要满足消费者的需要和欲望，符合本企业的专长，还要符合消费者和社会发展的长远利益，实现企业、消费者和社会利益三者的协调。社会营销观念是对市场营销观念的补充与完善。

五、绿色营销观念

1. 中心理念

绿色营销观念是一种以“与人类生存环境相协调”为中心的市场观念。

2. 企业主张

企业主张“人类社会可持续发展”。

3. 产生背景

绿色营销观念是在当今社会环境遭到破坏、污染加剧、生态失衡、自然灾害威胁人类生存和发展的背景下提出来的新观念。20世纪80年代以来，伴随着各国消费者环保意识的日益增强，世界范围内掀起了一股绿色浪潮，在这股浪潮冲击下，绿色营销观念也就应运而生了。市场营销观念已被普遍接受，但在实践中有的企业片面强调满足消费者需要，致力生产企业不擅长的产品，导致经营上的失败。

4. 实质内容

任何事物必须保持与其生存环境相协调的平衡关系，才能得到生存和发展，企业应扬长避短，生产那些既是消费者需要又是自己擅长的产品。它是一种把企业的专长同消费者需求结合起来的市场营销观念。

所谓绿色营销观念，就是指企业必须把消费者需求与企业利益和环保利益三者有机结合起来，必须充分顾及资源利用与环境保护问题，从产品设计、生产、销售到使用整个营销过程都要考虑到资源的节约利用和环保利益，做到安全、卫生、无公害的一种营销观念。

【案例】

美国北方高山地区是有名的苹果产区，这里生产的苹果清脆爽口、香甜无比，深受消费者青睐，但是有一年秋天，这里遭遇了一场霜冻，一些农场种植的苹果表面留下了一些斑点，批发商看见苹果“扮相”不佳，担心卖不出去，不肯进货。农场主们因此处于窘境，忧心忡忡。在危难之中，他们找到了脱困良策——广告。广告一打出去，积压的苹果被一抢而空。广告词是：“人们都知道苹果是美国北方高山地区的特产，清脆爽口、香甜无比，那么，怎样鉴别北方苹果呢？北方高寒地区往往寒流早到，如果遭遇冰雹袭击，它会在苹果表面留下斑点，但这并不影响质量反倒可以帮助我们鉴别真伪，因为北方苹果是人们非常喜欢的绿色食品呀！”

思考：

这种促销方式有何作用？

分析：

农场主利用广告与顾客进行有效沟通，实事求是地告知苹果表面有斑点的原因所在，这样一来，就可以消除顾客对产品质量的疑虑心理。突出产品的“绿色”特色，由于来自高寒地带，无空气污染和人为污染，是真正的绿色食品，可以放心食用，从而诱导需求。通过倡导新的消费观念——绿色消费，返璞归真，回归大自然，表明苹果口味纯正、清甜爽口，很适合大家的需求，从而扩大市场占有率，促进销售。根据美国有关部门规定，凡是获得ISO14000认证合格的绿色产品，其销售价格可以比同类普通产品的价格高出20%，这样就增强了产品的价格竞争力，也增加了企业的利润。

这五种市场营销观念归纳起来可分为两类：一类是传统经营观念，包括生产观念、推销观念。其共同特点是以生产者为导向，以产定销，产生于卖方市场；另一类是现代经营观念，包括市场营销观念、社会营销观念和绿色营销观念。其共同特点是以市场（消费者）为导向，以销定产，产生于买方市场。

【课堂思考与练习（四）】

1. 试比较推销观念与市场营销观念的联系与区别。
2. 为什么不能把“市场营销”同“销售”混为一谈？

【模块小结】

市场营销就是通过创造、交换产品和价值，从而使个人或群体满足欲望与需要的社会和管理过程。市场是商品经济特有的经济范畴，是一种以商品交换为内容的经济联系形式。在市场经济条件下，企业的命运取决于市场。企业要真正走向市场，就必须面向市场、了解市场、适应市场。市场营销观念是指企业在一定时期、一定生产经营技术和市场环境条件下，进行全部市场营销活动，正确处理企业、顾客和社会三者利益关系的指导思想和行为的根本准则。

【练习题】

一、单项选择题

1. A把X给B同时获得了Y，此时，在A与B之间所发生的行为属于（　　）。

A. 交换活动　　B. 交易活动　　C. 买卖活动　　D. 协商活动

2. 市场是指由一切具有特定的欲望和需求并且愿意和能够以（　　）来满足此欲望和需求的潜在顾客构成。

A. 交换　　B. 乞求　　C. 生产　　D. 掠夺

3. 在市场营销学中，一切具有特定的欲望和需求并且愿意和能够以交换来满足此欲望和需求的潜在顾客构成了（　　）。

A. 客户群　　B. 市场　　C. 客户　　D. 目标市场

4. 当人们决定通过（　　）来满足需要和欲望时，才出现了市场营销。

A. 乞求　　B. 掠夺　　C. 交换　　D. 生产

5. 作为一切市场的基础，（　　）对其他各类市场具有决定性。

A. 产业市场　　B. 中间商市场　　C. 零售市场　　D. 消费品市场

6. 企业营销活动的出发点和归宿是（　　）。

A. 顾客　　B. 企业　　C. 产品　　D. 营销人员

7. （　　）是市场营销最基本的概念，同时也是人类经济活动的起点。

A. 消费者的需求　　B. 消费者的欲望

C. 人的基本需求　　D. 人的基本欲望

8. 现代市场营销学理论研究的主要对象是（　　）。

A. 消费者市场　　B. 组织市场　　C. 中间商市场　　D. 产业市场

9. 一个人可能会有无限的欲望，但只有有限的财力，当（　　）时，欲望即变为产品需求。.

A. 进入市场参加交易　　B. 愿意购买

C. 有购买力支持　　D. 进入市场营销活动

10. （　　）是先于市场营销的前提概念。

A. 消费　　B. 交换　　C. 需求　　D. 欲望

11. 作为公务员，上班时穿漂亮时装，此时他们所具有的是（　　）。

A. 需求　　B. 需要　　C. 欲望　　D. 价值

12. 消费者喜欢那些可以随处买得到而且价格低廉的产品，企业应致力于提高生产效率和分销效率，扩大生产，降低成本扩大市场。这种营销观念叫（　　）。

A. 生产观念　　B. 推销观念　　C. 产品观念　　D. 市场营销观念

13. 推销观念产生于（　　）。

A. 买方市场　　B. 卖方市场

C. 买方市场向卖方市场过渡　　D. 卖方市场向买方市场过渡

14. 买方市场是指（　　）的市场态势。

A. 供不应求　　B. 供大于求　　C. 供求平衡　　D. 产品不足

15. 把消费者利益、社会利益和企业利益结合起来的营销观念是（　　）。

A. 推销观念　　B. 市场营销观念　　C. 绿色营销观念　　D. 社会营销观念

16. 产品观念是（　　）的营销观念。

A. 生产导向　　B. 消费导向　　C. 顾客导向　　D. 科技导向

17. 顾客导向是现代市场营销的基本观念，它要求营销活动要以（　　）为中心。

A. 政府机关　　B. 消费者　　C. 生产企业　　D. 创新产品

18. 交换能否真正发生，取决于（　　）。

A. 企业（卖者）是否能取得利润

B. 消费者（买者）的需求是否得到满足

C. 双方能否找到交换条件

D. 在交换中，买卖双方谁更主动、积极地寻求交换

二、多项选择题

1. 一般商品市场包括（　　）。

A. 消费品市场　　B. 劳动力市场　　C. 生产资料市场　　D. 金融市场

2. 生产观念是一种重生产、轻市场营销的商业哲学，这种观念的形成主要来源于（　　）。

A. 供不应求，因而消费者更在乎得到产品而不是它的优点

B. 产品质量差，因而消费者最喜欢高质量、多功能和具有某种特色的产品

C. 成本太高，因而必须以提高劳动生产率来扩大市场

D. 大规模生产，因而商品产量迅速增加，产品质量不断提高

3. 根据购买者及购买目的不同，市场可划分为（　　）。

A. 消费者市场　　B. 生产者市场　　C. 中间商市场

D. 政府市场　　E. 国际市场

4. 在社会营销观念指导下，企业制定营销决策时应同时考虑以下因素：（　　）。

A. 消费需求的满足　　B. 社会的长期整体利益

C. 努力推销已生产出来的产品　　D. 提高企业的经济效益

5. 任何一个企业所面对的现实市场都是由三个相互制约、缺一不可的要素结合构成的，这三个要素分别是（　　）。

A. 人口　　B. 购买力　　C. 购买欲望　　D. 生产能力

6. 社会市场营销观念比市场营销观念更强调（　　）三者利益的协调。

A. 宏观市场　　B. 企业利润　　C. 消费者需要的满足

D. 生态环境　　E. 社会整体

7. 一次交易应包括三个可以量度的实质内容（　　）。

A. 至少有两个有价值的事物　　B. 买卖双方的存在

C. 买卖双方所同意的条件　　D. 买卖双方所持有的营销观念

8. 下列哪些观念属于以顾客或消费者为中心的现代营销观念（　　）。

A. 生产观念　　B. 推销观念　　C. 市场营销观念

D. 顾客导向观念　　E. 社会营销观念

9. 产生于买方市场条件下的营销观念有（　　）。

A. 生产观念　　B. 推销观念　　C. 市场营销观念

D. 创新营销观念　　E. 社会营销观念

10. 市场营销的核心概念主要有（ ）。

A. 需求　B. 交换　C. 价格

D. 产品　E. 市场营销者　F. 广告

三、判断题

1. 市场需要与市场需求是两个完全相同的概念。（ ）

2. 推销观念更注重卖方需求，而市场营销观念则兼顾买卖双方的需要。（ ）

3. 市场需求不是一个函数，而是一个固定的数值。（ ）

4. 市场营销观念认为，从消费者的需要出发往往导致企业的利润减少。（ ）

5. 市场就是商品交换的场所。（ ）

6. 市场营销的范围涉及生产领域、流通领域和消费领域。（ ）

7. 生产观念注重的是生产，推销观念注重的是推销，因而两者的经营指导思想在本质上是不同的。（ ）

8. 推销观念的形成是企业营销观念的一次质的飞跃或革命。（ ）

9. 顾客购买产品是为了产品的实体。（ ）

10. 需求是指消费者想要购买某个具体的产品。（ ）

11. 交易是交换活动的基本单元，是由双方的价值交换所构成的行为。（ ）

12. 一次交易只要有买卖双方及买卖双方所同意的条件就能实现。（ ）

13. 绿色营销是企业参与市场竞争的有力武器。（ ）

14. 大市场营销观念要求企业借助于政治力量和公共关系，积极主动地寻求各有关方面的合作与支持。（ ）

15. 传统营销观念与现代营销观念的本质区别之一就是市场由原来的终点，变成从事经营活动的起点。（ ）

16. 市场营销观念是从需求满足中获利。（ ）

17. 现代营销学认为，生产观念、推销观念都属于以产定销的范畴。（ ）

四、案例分析题

“永远的黑色”之叹

美国福特汽车公司是1903年由亨利·福特与詹姆斯·卡曾斯、道奇兄弟等创办，由福特任总经理。1926年福特车产量已占美国汽车产量的一半。福特提出“不管顾客需要什么，我的车都是黑的”这一理念，以黑色车作为福特汽车公司的象征。结果其“T型车”在竞争中日益失利，1927年5月终于停产。1928年，福特汽车公司的市场占有率被通用汽车公司超过，不得不退居第二位。

思考：

1. 福特汽车公司创立初期奉行的是什么营销观念？

2. 传统营销观念与现代营销观念有哪些区别？

3. 福特的“T型车”在竞争中的失利给我们所带来的启示是什么？

【技能实训】

1. 实训名称：某企业的营销活动调查。

2. 实训目的：了解企业的营销活动，加深对营销理念的理解。

3. 实训组织：

（1）人员：4～5人组成小组，选定小组长，以小组为单位进行训练。

（2）时间：与课程模块教学同步。

（3）地点：多媒体教室或营销实训室。

4. 实训要求：

（1）各组通过各种途径搜索某企业的营销活动资料。

（2）每组分析所收集企业的营销理念。

（3）每个小组以PPT等形式展示分析结果。

（4）每个小组写出书面报告。

5. 实训评价：

（1）小组互评。

（2）教师点评。

模块二　市场营销环境分析

【知识目标】

1. 明确市场营销环境的特点及分析研究营销环境的意义
2. 正确分析影响企业营销活动的宏观因素和微观因素
3. 学会分析和评价环境因素中蕴藏的营销机会和环境威胁
4. 分析企业面对市场营销环境变化所应采取的对策

【技能目标】

1. 领会市场营销环境的特点
2. 分析企业的微观营销环境
3. 掌握企业与营销环境之间的关系
4. 利用营销机会和应对环境威胁的方法
5. 我国经济环境的变化对企业营销的影响
6. 掌握SWOT分析方法并能制定相应的对策

【引导案例】

1973年9月，香港市场的肯德基公司突然宣布多间肯德基家乡鸡快餐店停业，只剩下四间还在勉强支持。到1975年2月，首批进入香港的美国肯德基连锁店全军覆没。在世界各地拥有数千家连锁店的肯德基为什么唯独在香港遭受如此厄运呢？

分析：

经过认真总结教训，发现是中国人固有的文化观念决定了肯德基的惨败。首先，在世界其他地方行得通的广告词“好味到舔手指”在中国人的观念里不容易被接受。因为舔手指被视为不讲卫生的行为，味道再好人们也不会去舔手指。人们甚至对这种广告起了反感。其次，家乡鸡的味道和价格不容易被接受，尤其是家乡鸡的价格对于一般市民来说还有点承受不了，因而抑制了需求量。此外，美国式服务难以吸引回头客。在美国，顾客一般是驾车到快餐店，买了食物回家吃。因此，在店内通常是不设座的。而中国人却喜欢一群人或三三两两在店内边吃边聊，不设座位的服务方式难寻回头客。10年后，肯德基带着对中国文化的一定了解卷土重来，并大幅度调整了营销策略。广告宣传比较低调，市场定价符合当地消费，消费对象主要定位于16～39岁的人群。1986年，肯德基家乡鸡新老分店的数量在香港为716家，占世界各地分店总数的1/10，成为香港快餐业的一支生力军，与麦当劳、汉堡包皇、必胜客并称四大快餐连锁店。

项目 1　市场营销环境分析

一、市场营销环境分类

市场营销环境又称为“企业的总体环境”，泛指一切影响、制约企业营销活动的最普遍的各种因素的作用范围和影响力。任何企业的营销活动都是在一定的环境中进行的，绝不可能脱离环境。因此，对环境的研究是企业营销活动最基本的课题。

（1）按环境因素的影响范围分类，可分为宏观环境（总体环境）和微观环境（个体环境）。

（2）按环境因素的形成时间分类，可分为现实环境（动态环境）和历史环境（静态环境）。

（3）按环境因素的隶属关系分类，可分为内部环境（可控环境）和外部环境（不可控环境）。

小贴士

市场危机是危险、威胁，也是机遇、商机。

二、宏观环境分析

宏观环境是形成市场机会和环境威胁的主要力量，它引导企业营销活动的大方向。企业营销环境分析首先应分析宏观环境。

影响企业营销活动的宏观环境因素主要有以下几个方面：

（一）政治法律环境

政治法律环境主要包括国家的政治变动引起的经济势态的变化，以及政府通过法律手段和各种经济政策来干预社会的经济活动。市场营销决策很大程度上受政治和法律环境变化的强制影响和法律制约。

我国目前与企业活动相关的立法主要有：《直销管理条例》、《禁止传销条例》、《合同法》、《反不正当竞争法》、《商标法》、《担保法》、《价格法》、《产品质量法》、《广告法》、《劳动法》、《票据法》、《消费者权益保护法》。

保护消费者权益的群众团体和保护环境的群众团体也对企业有监督、制约的作用。这些群众利益团体对企业行为虽然没有强制作用，但是它们能影响社会舆论，给企业施加压力。同这些群众利益团体保持良好关系是树立企业良好形象的重要基石。

（二）社会经济环境

社会经济环境主要包括人口、购买力、居民收入水平、产业结构、年景丰歉、资源分布和开发等。其中人口与购买力是最主要的因素。

1. 人口

人口是营销人员最感兴趣的环境因素之一。市场是由人组成的，是产品实现或潜在购买者的集合，有人才会有顾客，只要有人就可能发展成为顾客。

以下的人口特征将影响企业活动：

（1）人口规模。

人是消费的主体，人口规模影响和决定市场容量的大小。

（2）人口年龄构成。

人口年龄结构决定市场需求结构。不同年龄阶段的人对产品的需求有很大的差别：儿童需要玩具、学习用品和营养食品；青少年需要图书、数码产品和时装；老年人需要保健食品和怀旧商品。分析一定时期内的人口年龄结构，能使企业发现好的市场机会。

（3）人口地理分布及流动。

人口密度不同的地区市场需求量存在差异，同时，受地理环境、气候特点的影响，不同地区居民的购买习惯和购买行为也存在差异。研究人口地理分布特点对企业找准产品销售市场很有意义。人口的地理分布随时间的推移会发生一定变化，这就是人口流动。

（4）家庭规模。

家庭规模大小将影响家庭购物和消费模式。现代家庭结构变化的主要特征是小型化趋势，三口或两口之家成为家庭规模的主要形式，同时单身户的比例正在迅速增加。企业的营销活动应更多地考虑小规模家庭的需要。

2. 购买力

形成市场不仅需要人口，而且还需要购买力，一个对企业经营活动有意义的市场包括人口及购买力两方面的因素，两者缺一不可。考虑市场的经济环境主要是分析影响人们购买力的各个因素。

（1）消费者收入。

消费支出在很大程度上受消费者收入的约束，收入增加支出增加、收入减少支出减少是普遍规律。所以考察市场的购买力首先要考虑该市场消费者的收入情况。

（2）消费者的支出结构。

支出结构是指一定时期消费者消费支出中各项商品的比例关系。比如，该年度我国居民消费支出中食品占48.60%，服装占13.47%，耐用消费品占4.10%，娱乐、教育、文化占9.57%，这就是该年度我国居民的消费支出结构。了解它有助于企业推算行业的市场总容量。

（3）储蓄和信贷。

消费除受收入及支出结构影响外，还受储蓄状况和信贷条件的影响。人们的收入通常用于现实消费和储蓄两个方面。当收入一定时，储蓄越多，现实消费量就会越少，而潜在的需求越大；反之，两者向相反的方向变化。

消费信贷是消费者凭借个人信用提前取得商品使用权，然后按期归还贷款的消费方式。消费信贷是在有需求、缺乏购买能力的条件下实现产品销售的有效手段。汽车、住房等耐用、高价商品本身具有一次购买长期消费的特点，采取信贷方式购买可以减少消费者的支出压力，因而很受消费者欢迎。

（三）自然地理环境

任何企业的生产经营活动都与自然环境息息相关，无论制造什么产品都需要原材料、能源和水等自然资源。20 世纪 90 年代以来，自然环境的恶化已成为企业与公众所面临的一个主要问题。在许多地区，空气与水的污染已达到了相当严重的程度。因此，环境恶化造成的影响直接对企业的营销造成威胁，而这种威胁也是一种机会，同物资环境的三个趋势（原料短缺、能源成本的增加和污染的加剧）是联系在一起的。

（四）科学技术环境

现代科技的发展突飞猛进，日新月异，新技术、新工艺、新材料不断涌现。

改变人类命运最戏剧化的因素之一是科学技术。科学技术创造了许多奇迹，造福人类，实现了许多人梦寐以求的愿望；但它也造出了恐怖的魔鬼，如核武器、化学武器和计算机病毒等；科学技术还造出了如汽车、电视、电子游戏等福祸兼备的物品。

科学技术已经成为决定人类命运和社会进步的关键性因素。它是一种带有破坏性的创造力量，也就是说，当一项新技术给一些行业和企业带来增长机会的同时，可能严重威胁另一些行业和企业的生存。因此，营销人员应随时监控技术环境的发展，调整企业行为以适应变化。

一些营销学家把科技因素视为“创造性的毁灭力量”。

（五）社会思想文化环境

在市场营销中，社会思想文化环境因素是影响人们购买欲望和购买行为的最重要因素。社会思想文化是人类在创造物质财富的过程中所积累的精神财富的总和。社会思想文化主要通过影响消费者行为，间接地影响营销活动。

社会思想文化所包含的内容很多，主要有：

1. 生活习惯和习俗

不同地区、不同社会阶层的消费者在衣、食、住、行、用上存在不同的习惯。

2. 教育水平

教育水平对企业营销活动的影响，可以从以下几方面考虑：对企业选择目标市场的影响；对企业营销商品的影响；对营销调研的影响；对促销方式的影响。

3. 宗教信仰

宗教信仰对市场营销有较大的影响，特别是在一些信奉宗教的国家和地区，其影响力会更大。据统计，世界上六个主要宗教的信教群众已占人口总数的一半以上。

4. 价值观念

价值观念是人们对于事物的评价标准和崇尚风气。它是指生活在某一社会环境下的多数人对事物的普遍态度或看法。生活在不同的社会环境下，人们的价值观念不同，企业的营销策略也应有差别。如东西方国家人们在价值观念上存在较大的差别。西方人注意个体和个人的创造精神，企业鼓励员工勇于开拓、标新立异，而我国国人重人情、求同步，消费偏于大众化，求稳怕变。由此造成的营销方式也会有较大的不同。

5. 民族传统

民族传统指一个国家全民族的文化传统与风俗习惯，如西方国家的人们以超前享受为消费的主流；而我国人民长期以来形成了积蓄的习惯，并注重商品的实用性。民族传统中，营销者应特别注重传统节日。如在我国，春节前会形成生活用品的购买高峰。

每个民族都有自己的喜好和禁忌，营销者应做到入境问俗。如在我国，人们不喜欢黑色和白色的包装，不喜欢数字“4”，喜欢“8”、“6”等。而在西方，不喜欢“13”等。因此，企业的营销人员应尊重民族传统，考虑不同国家和地区人们的传统喜好和禁忌，以免给企业的营销带来阻碍。

【案例】

成也萧何，败也萧何

山东荣城鞋厂生产了一种海蓝色涤纶塔跟鞋，很受消费者欢迎，不少用户前来订货。为了优待老客户，该厂主动给滨州市一家大商店发送了一批新产品，不久，这家商店却来信要求退货。这样的热销货怎么会要求退货呢？厂方百思不得其解，便迅速派人前去调查。原来根据滨州的风俗，只有办丧事的人家，妇女才穿这种蓝色的布鞋，以示哀悼。这批布鞋款式虽新，颜色却为当地消费者所忌，因此成了“冷门货”。

吃一堑，长一智，第二年春，这家鞋厂了解到即墨县一带有一种风俗，每逢清明节，所有第一年结婚的新婚妇女都要给七姑八姨每人送一双鞋。于是该厂马上组织力量生产了四千双各种规格的布鞋，并赶在清明节前几天发到即墨，结果不到一天就销售一空。

思考：

1. 影响企业营销活动的宏观环境有哪些？
2. 荣城鞋厂的经营活动受到哪种宏观环境因素的影响？
3. 荣城鞋厂的两次不同遭遇说明了什么？

分析：

1. 人口环境、政治法律环境、经济环境、自然环境、科技环境、社会文化环境。
2. 社会文化环境。
3. ①社会文化环境因素影响人们的消费观念和购买行为，从而影响企业的营销活动。②企业在营销活动中必须了解和深入研究不同的文化。

6. 亚文化群

一个社会及其文化是由该社会内部的民族群、种族群、地理区域群等因素而形成的，市场营销学称这些因素为“亚文化群”。

亚文化群通常指在较大的社会集团中的较小的团体。这种较小的团体既遵从较大的文化，同时也有自己独特的信仰、态度和生活方式。不同亚文化群的消费者，其生活方式、消费习惯、爱好、兴趣等各不相同，他们的需求会有很大的差别。如我国有56个民族，有多个少数民族集中居住的自治区、州、市、县，很多民族都有自己的传统节日、服饰等。企业在用亚文化群来分析需求时，可以把每一个亚文化群视为一个细分市场，分别制订不同的营销方案。

【案例】

“宝洁”也有教训

世界各地基本消费需求——例如诱人的肤色、洁白的衣物，或者牙齿防蛀等等，很少会有不同。但是消费者认知的独特性与当地市场的特殊性，将会左右不同的营销策略。宝洁在美国以外的市场推销其产品失败的一些教训便是很好的说明。

“二战”之后，宝洁不顾当地消费者习惯与口味，采取直接引进产品的做法，迅速地向国际市场扩张。例如，宝洁在英国引进一种香料油味道的牙膏，但并不受到欢迎，因为英国人很讨厌香料油的味道。香料油在当地被用作药膏，而不被用于食物或牙膏。宝洁在英国推出“杜恩”洗发精后，使用者开始接连不断地抱怨在洗发精瓶中发现有结晶的情形。原来宝洁忽略了冬天时英国家庭的浴室温度通常低于洗发精的结晶温度。

数年后，宝洁进入日本市场，又将过去的教训抛在脑后。“起儿”洗衣剂是宝洁打入日本市场的第一个产品。这个产品直接从美国进口，它拥有一项产品优势，即可依据各式洗涤温度如热洗、温洗或冷洗等来清洗衣物。但是日本妇女一向用自来水洗涤衣服，三种温度的洗衣方法对于她们来说毫无意义。因此，产品销售量不佳。

思考：

1. 请分析宝洁在英国和日本失败的原因。
2. 结合案例分析影响消费者购买的因素。

分析：

1. 由有购买需求和购买力的顾客所构成的市场是企业营销的起点和归宿。宝洁在英国和日本的失败在于没有考虑到各个国家的消费者消费需求的差异。
2. 每个国家独特的文化会成为影响消费者购买的因素。

【任务互动】

任务目的：明确宏观环境因素。

任务步骤：第一步，阅读教材中相关内容；第二步，举例说明宏观环境对企业营销活动的影响。

任务建议：采用小组讨论。

【课堂思考与练习（一）】

一、单项选择题

1. 营销环境是（　　）。

A. 绝对不变的　　B. 发展变化的　　C. 相对稳定的　　D. 难以把握的

2. 从营销的角度看，经济环境的主要力量是（　　）。

A. 产业结构　　B. 社会购买力　　C. 产业政策　　D. 经济法规

3. 以下不属于企业的宏观环境的是（　　）。

A. 人口　　B. 经济　　C. 竞争　　D. 法律

二、判断题

1. 市场营销环境企业是可以控制的。（　　）

2. 一般来说，企业只追求经济利润，社会责任不会给企业造成大影响。（　　）

3. 市场营销环境具有主观性的特征。（　　）

三、微观环境分析

微观环境是指与企业关系密切、能够影响企业服务顾客能力的各种因素。一个企业能否成功地开展营销活动，不仅取决于其对宏观环境的适应性，也取决于其能否适应和影响微观环境。微观环境直接影响营销活动的方式和效果。

影响企业营销活动的微观环境因素主要有以下几个方面：

（一）企业本身

企业是企业营销环境的中心。如何对企业领导层、各部门、各个分支机构进行适度而有效的控制，直接影响企业的市场营销活动，而各个部门的配合及各自工作的效果和效率，也影响到企业的产品销售乃至整个营销活动的成败。因此，企业的生产能力、财务能力、员工的素质、研究和发展的状况以及企业在公众中的印象等，构成了企业营销内部环境的主要内容，影响和决定着企业为消费者提供商品和服务的能力与水平。

（二）供应商

供应商是向企业供应各种资源的企业和个人。供应商供应的原材料价格的高低和交货是否及时，数量是否充足等，都会影响产品的成本、售价、利润和交货期。因此，营销人员必须对供应商的情况有比较全面的了解和透彻的分析。

（三）营销中间商

营销中间商是协助企业推广、销售和分配产品给最终消费者的企业和个人，包括中间商、实体分配公司、营销服务机构和金融机构。

中间商在企业的有效活动中起着十分重要的作用，它帮助企业寻找顾客并直接与顾客进行交易，从而完成产品从生产者向顾客的价值转移。

实体分配公司帮助企业实现商品实体形态的转移。在我国，很多中间商与实体分配公司是合二为一的，中间商除分配产品外，还同时负责储存和运输。但随着社会化分工的深化，独立的实体分配公司已经出现，而且显示出很强的生命力。

营销服务机构如调研公司、咨询公司、广告公司及各种媒体等，它们协助企业选择目标市场，推销产品。

金融机构负责为企业和顾客之间的交易融通资金，并对企业的营销活动施以显著的影响。因此，企业应该与金融机构建立良好的合作关系。

（四）顾客

企业要树立以顾客为中心的营销观念。顾客是企业产品或劳务的购买者，也是企业服务的对象。对一家企业来说，赢得顾客是生存、发展的关键。无数的实践证明：市场的优胜者是那些重视顾客、最大程度地满足顾客需求的企业；而缺乏营销远见、忽视顾客要求的企业注定要失败。

分析顾客的目的在于了解顾客为什么选择企业的产品或服务，是因为低廉的价格、高质量的产品、可靠的服务、有趣的广告还是干练的推销人员？如果企业不能精确地知道哪些东西吸引顾客以及顾客将来可能如何变化，那么，企业最终将失去市场上的优势。

（五）竞争者

在任何市场上，只要不是独家经营，便有竞争对手存在。很多时候，即便是在某个市场上只有一家企业在提供产品或服务，没有“显在”的对手，也很难断定在这个市场上没有潜在的竞争企业。竞争对手的状况将直接影响企业的营销活动，无论是在产品销路、资源，还是在技术力量方面，常常是此消彼长的。因此，企业必须清楚地了解：竞争企业的数量有多少；竞争企业的规模和能力的大小强弱；竞争企业对竞争产品的依赖程度；竞争企业所采取的营销策略及反应程度；竞争企业获取优势的特殊的原材料来源和供应渠道。

竞争者大致分为 4 种类型：

（1）愿望竞争者。能够提供不同产品以满足消费者种种需求和愿望。

（2）一般竞争者。能够提供满足同一需求的不同产品和种种方式。

（3）产品形式竞争者。能够提供同种产品多种规格、型号、式样、花色、品种。

（4）品牌竞争者。产品相同，规格型号等也相同，但品牌不同，即能够提供同种商品的某种品牌的商品。

（六）公众

公众是任何对组织有实际或潜在兴趣、或对组织实现目标的能力有影响的团体和个人。一家企业的公众主要有包括以下 5 种：①金融公众：银行、投资公司、股东、证券经营机构等；②媒体公众：报纸、杂志、广播、电视、网络等；③政府公众：政府机构、主管部门等；④地方公众：附近居民、科研、文教等；⑤企业内部人员：企业领导、管理人员、一线职工等。

【案例】

光明“麦风”：新鲜牛奶＋天然纤维

光明牛奶2002年推广的“麦风”，给人们留下了深刻印象。这种介于豆奶和牛奶之间的产品，并不是光明的首创。上海一家豆奶厂率先创新推广了一种全新的豆奶——大麦奶，在豆奶中加入大麦的香味。但因为种种原因，这个产品并没有取得成功。不久以后光明牛奶就推出了自己的“麦风”。上海当年上市的保健食品“美多”膳食纤维素，也帮助“麦风”完成了部分市场培育工作。虽然光明牛奶“偷窃”了别人的成果，但在这些产品中间，只有光明“麦风”靠大麦和膳食纤维赚到了钱。

分析：

光明牛奶的快速反应能力、对竞争对手的尊重、坚持产品创新的态度，无疑是它成为领导企业的法宝。光明“麦风”的成功也证明：如今的营销，需要更多的研究，既要研究消费者，更要研究竞争对手，同时还要量力而行。

【课堂思考与练习（二）】

1. 微观环境因素的主要内容有哪些？
2. 在穆斯林地区开设餐厅，要考虑该地区哪些营销环境？首先应考虑哪种因素？

项目2　营销环境SWOT分析

一、营销环境机会与威胁分析

1. 营销环境机会

营销环境机会是指能为企业带来盈利可能的环境变化的特征或趋势，指企业市场营销管理富有吸引力，企业拥有竞争优势的领域。

2. 营销环境威胁

营销环境威胁是指环境中不利于企业发展的现实的或潜在的特征和变化，指由于环境变化形成或可能形成的对企业现有经营的冲击和挑战。

任何企业都面临着若干市场机会和环境威胁。

二、波士顿矩阵

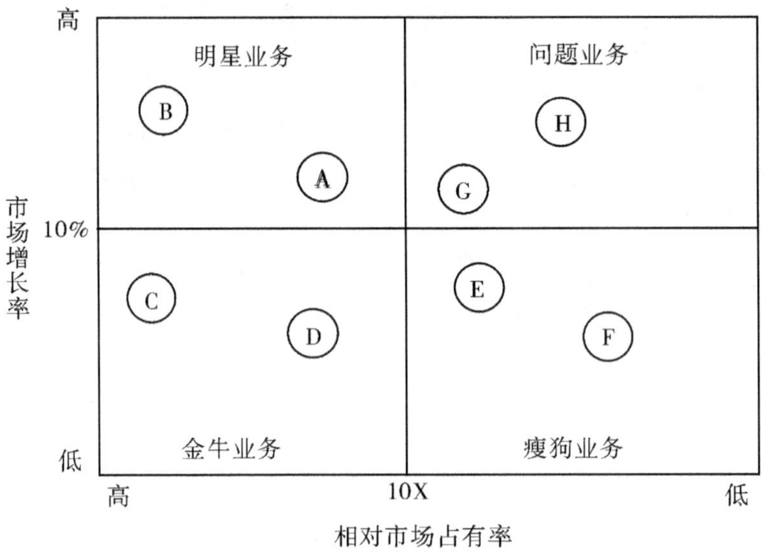

图 2－1　波士顿矩阵图

波士顿矩阵是美国波士顿咨询公司在 1960 年提出的一种投资组合分析方法。这种方法是把企业生产经营的全部产品或业务的组合作为一个整体进行分析。

波士顿矩阵中，横坐标表示企业在行业中的相对市场份额，是指企业某项业务的市场份额与这个市场中最大竞争对手的市场份额之比，以 1.0 分界线划分出高、低两个区域；纵坐标表示市场增长率，是指企业所在行业某项业务前后两年市场销售额增长的百分比。以 10% 的增长率作为增长高低的界限。10% 以上为高增长率，10% 以下为低增长率。

企业各个业务的变化过程一般表现为“问题—明星—金牛—瘦狗”，形成“业务生命周期”。

三、SWOT 分析

SWOT 分析是将与研究对象密切相关的各种主要内部优势因素（Strengths）、劣势因素（Weaknesses）、机会因素（Opportunities）和威胁因素（Threats），通过调查罗列出来，并依照一定的次序按矩阵形式排列起来，然后运用系统分析的思想，把各种因素相互匹配起来加以分析，从中得出一系列相应的结论。

SWOT 分析是一种对企业的优势、劣势、机会和威胁的分析，在分析时，应把所有的内部因素（包括公司的优势和劣势）都集中在一起，然后用外部的力量来对这些因素进行评估。这些外部力量包括机会和威胁，它们是由于竞争力量或企业环境中的趋势所造成的。这些因素的平衡决定了公司应做什么以及什么时候去做。

SWOT 分析表的完成步骤：

（1）把识别出的所有优势分成两组，分的时候应以下面的原则为基础：看看它们是与行业中潜在的机会有关，还是与潜在的威胁有关。

（2）用同样的方法把所有劣势分成两组。一组与机会有关，另一组与威胁有关。

（3）建构一个表格，每个占 1/4。

（4）把公司的优势和劣势与机会或威胁配对，分别放在每个格子中。SWOT 表格表明公司内部的优势和劣势与外部机会和威胁的平衡。

SWOT 分析结果主要有 4 种：

（1）明星业务。明星业务是高市场增长率和高相对市场占有率的业务。

（2）金牛业务。金牛业务是低市场增长率和高相对市场占有率的业务。

（3）瘦狗业务。瘦狗业务是低市场增长率和低相对市场占有率的业务。

（4）问题业务。问题业务是高市场增长率和低相对市场占有率的业务。

四、针对不同需求状况的策略

针对不同的需求状况，可采取不同的营销策略：

（1）扭转性营销策略。也称转变性营销，市场的主要部分对某项产品或服务持否定和拒绝的态度，被称为“否定需求”或“负需求”，在这种情况下企业所采取的营销对策就是扭转性营销。

（2）刺激性营销策略。指面对“无需求”时企业采取的营销对策。

（3）开发性营销策略。指面对现实中没有适当的产品和服务能够满足消费者需求时企业所采取的营销对策。

（4）恢复性营销策略。指面对产品或服务处在“需求下降”的通道中企业所采取的营销对策。

（5）协调性营销策略。指面对由于季节、时间、地点等变化造成的某些产品或服务需求波动时企业的营销对策。

（6）保持性营销策略。指面对产品或服务的需求水平、时间、地点与期望值一致时企业的营销对策。

（7）降低性营销策略。指面对超过了企业的供应能力的产品或服务时的营销对策。

（8）抵制性营销策略。指面对一些不健康的产品或服务的需求时企业应采取的营销策略。

五、面对环境威胁的企业策略

一般来说，企业面对环境威胁时可选用以下几种策略。

1. 对抗策略

对抗策略即企业试着限制或扭转不利因素的发展，通过法律诉讼等方式努力，促使政府通过某种法令或政策等保护自身合法权益不受侵犯，改变环境的威胁。

【案例】

感恩节是美国的一个传统节日，这一天美国人要吃一种叫克兰梅的酸果食品。1959年11月9日，美国卫生教育福利部长弗莱明突然宣布，当年克兰梅作物由于除草剂的污染，在实验室用老鼠做实验时发现了致癌病变，虽然还不能证明在人身上是否也会有危害，但是他劝告公众自己酌情处理。弗莱明的公告发布以后，立即在社会上引起强烈的反响，克兰梅食品货架前顿时门庭冷落。生产加工克兰梅食品的企业大受其害，尤其是美国海洋浪花公司，这是一家专门生产克兰梅果汁果酱的企业。该公司认为，必须澄清事实，否则公司和整个行业都有可能破产。为此，他们制定了反攻策略：首先，公司专门调查了整个事件过程，发现这是一个误会。于是，他们召开记者招待会，公布调查的全部情况，请有关官员和卫生、食品方面的专家、学者等发表权威性意见，以消除弗莱明公告造成的不良影响。其次，发电报给弗莱明，要求他立即采取措施，挽回影响；并致电艾森豪威尔总统，请他敦使政府改正错误。再次，当时四年一度的美国总统大选即将开始，两位年轻的政客——肯尼迪和尼克松的竞选即将开始。海洋浪花公司通过一系列工作，在一次两人与公众见面的电视镜头中，肯尼迪吃了四份克兰梅果酱，尼克松喝了一杯克兰梅果汁。通过以上一系列反攻措施，克兰梅食品终于在感恩节前夕重新回到货架上。

2. 减轻策略

减轻策略是指通过调整营销策略，达到降低环境变化对企业的负面影响程度，即通过改变营销策略，以减轻环境威胁的程度。由于环境因素对企业营销形成一定的威胁，并且这一威胁后果不可避免，因此，减轻策略就是对付威胁的策略之一。

【案例】

美国的李维·施特劳斯公司于20世纪70年代末花费了1 200万美元，想通过奥运会把他们生产的列维服装作为“美国的国服”，并进行了大量的广告宣传。后来美国因苏联出兵阿富汗而拒绝参加在莫斯科举办的1980年夏季奥运会，这对于该公司来说造成了一种环境威胁。该公司经过研究后改变营销策略，即把广告改变为“圣诞节礼物”，使威胁转化为有利的营销机会。

3. 合作策略

企业通过各种合作手段（如联合、合作、合并、参与等），由更多的社会组织组成联合体，充分利用资金、技术、设备，取长补短，分散风险，共同维护自身利益。

4. 转移策略

转移策略是指将企业资源转移到风险相对较低的市场领域。当受到威胁程度严重的企业，因无条件继续经营原来业务时，可采取逐步转移原来业务或调整业务范围，以减轻环境对企业的威胁。近些年来，国内不少企业盲目走多元化发展的道路，导致资金紧张和管理失控，造成经营困难，有的公司以“壮士断臂”的决心果断压缩战线，关、停、并、转一批企业，使企业止住“出血点”，得以从困境中走出来。

【案例】

南京冠生园破产

2001年9月3日，中央电视台《新闻30分》披露南京冠生园用“旧馅”做月饼。4日，卫生部紧急通知严查月饼市场。5日，南京冠生园老板接受采访时说“用旧馅”是普遍现象，此语一出，全国月饼市场跌入冰点。6日，上海冠生园发表声明：称与南京冠生园无任何关系，自己产品一贯合格。百家月饼厂商在成都承诺质量，月饼厂家在全国掀起“月饼保卫战”。17日，南京冠生园发表公开信，矛头直指中央电视台及相关记者，称有关“旧馅”事件的报道属虚假信息，南京冠生园产品质量完全达标。19日，央视有关记者回应南京冠生园的公开信，指出记者与南京冠生园并无私仇，其对南京冠生园的报道是客观公正的。20日，上海冠生园提出要告南京冠生园。2001年全国月饼销量下降20%。2002年2月，南京冠生园食品有限公司申请破产，负债1 600多万。事发半年后，具有八十多年历史的南京冠生园品牌就此毁于一旦。

分析：

南京冠生园先是被动等待，没有作任何积极应对；接着又一厢情愿地强调“冠生园的月饼在历年的抽检中，合格率都名列全省同行业的前面”；在发现事态无法控制，消费者对其信任近乎崩溃时，又开始“疯咬”：一是先咬同行，说“用旧馅是这个行业的普遍现象”。这种“拉同行下水”的做法，导致其他生产月饼企业唯恐避之不及，纷纷表态说“南京冠生园是胡说，行业内没有这种‘普遍现象’”。这时候，估计几乎所有月饼厂商都恨不能立刻把南京冠生园的脖子“掐住”，把它的嘴“堵住”，再把它按到水里去……二是南京冠生园又试图反咬中央电视台，把水搅混。结果可想而知，央视一个声明就把南京冠生园打入“无间地狱”了。到此为止，所有可能的希望都被南京冠生园浪费或者破坏掉了，等待它的结果只有一个——关门。所以，当发生危害消费者的危机事件时，最好的处理方法就是——坦诚地公布事情缘由，真诚地道歉，配合调查，并出台相应的补偿或者预防措施。只要企业的态度真诚，措施得当，消费者不但能够原谅，甚至它还能赢得比危机发生前更大的尊重，真正把“危害”转变为“机会”，这才是处理危机公关的最高境界。

【任务互动】

任务目的：掌握宏观环境对企业的影响，培养学生的应用分析能力。

任务内容：运用 SWOT（优势、劣势、机会、威胁）分析法回答近年来出现的空调巴士车的营销环境。

任务建议：小组讨论、全班交流。

【课堂思考与练习（三）】

多项选择题

1. 企业营销环境发生变化的两种基本趋势是（　　）。

A. 环境调整　　B. 环境分化　　C. 环境威胁

D. 市场营销机会　E. 环境重组

2. 企业面对环境威胁可采取的对策是（　　）。

A. 反抗　　B. 减轻　　C. 放弃

D. 转移　　E. 重组

【模块小结】

本模块主要介绍市场营销环境、宏观环境、微观环境，明确宏观环境和微观环境的主要内容和发展趋势及其对企业市场营销的影响。介绍营销环境中蕴含的机会与风险，要求掌握 SWOT 分析方法并能制定出相应的对策。

【练习题】

一、单项选择题

1.（　　）是向企业及其竞争者提供生产经营所需资源的企业或个人。

A. 供应商　　B. 中间商　　C. 广告商　　D. 经销商

2.（　　）就是企业的目标市场，是企业服务的对象，也是营销活动的出发点和归宿。

A. 产品　　B. 顾客　　C. 利润　　D. 市场细分

3.（　　）主要指一个国家或地区的民族特征、价值观念、生活方式、风俗习惯、宗教信仰、伦理道德、教育水平、语言文字等的总和。

A. 社会文化　　B. 政治法律　　C. 科学技术　　D. 自然资源

4. 某地区恩格尔系数越大，则表明该地区（　　）。

A. 越富裕　　B. 越贫穷　　C. 越开放　　D. 越闭塞

5. 一般来说，市场营销环境包括（　　）。

A. 直接营销环境和间接营销环境　　B. 微观环境和宏观环境

C. 微观环境和中观环境　　D. 宏观环境和中观环境

6. 海湾战争的爆发对以下哪种产品的营销影响最大（　　）。

A. 武器　　B. 石油　　C. 钢材　　D. 汽车

7. 政府颁布有关禁烟的一些法令，对烟草企业来说是（　　）。

A. 威胁　　B. 机遇　　C. 无影响　　D. 无法判断

8. 人口老龄化对（　　）企业来说是一种机会。

A. 通信　　B. 娱乐　　C. 保健品　　D. 休闲服装

9. 保险公司、证券交易所属于企业的（　　）。

A. 政府公众　　B. 媒介公众　　C. 融资公众　　D. 群众团体

二、多项选择题

1. 对市场营销环境的理解，正确的是（　　）。

A. 是企业能够控制的因素　　B. 是企业不可控制的因素

C. 可能形成机会也可能造成威胁　　D. 是可以了解和预测的

E. 通过企业的营销努力是可以在一定程度消除影响的

2. 微观环境指与企业紧密相连，直接影响企业营销能力的各种参与者，包括(　　)。

A. 企业本身　　B. 市场营销渠道企业

C. 顾客　　D. 竞争者

E. 社会公众

3. 国内市场按购买者可分为（　　）。

A. 消费者市场　　B. 生产者市场　　C. 中间商市场

D. 非营利组织市场　　E. 国际市场

4. 对环境威胁的分析，一般着眼于（　　）。

A. 威胁是否存在　　B. 威胁的潜在严重性

C. 威胁的征兆　　D. 预测威胁到来的时间

E. 威胁出现的可能性

三、判断题

1. 市场营销环境是企业无法控制的，但是企业可以通过研究环境更好地适应环境。(　　)

2. 在一定条件下，企业可以运用自身的资源，积极影响和改变环境因素，创造更有利于企业营销活动的空间。(　　)

3. 顾客也是企业最重要的环境因素。(　　)

4. 人口增长首先意味着人民生活必需品的需求增加。(　　)

5. 任何企业的市场营销活动都不可能脱离环境而孤立地进行。(　　)

6. 在个人收入中扣除税款和非税性赋税后所得余额就是个人可任意支配收入。(　　)

四、解释题

1. 营销机会
2. 环境威胁
3. SWOT分析法

五、简答题

1. 经济环境是怎样影响市场营销活动的？
2. 人口老龄化可能对什么行业造成威胁，给什么行业带来机会？
3. 微观营销环境包括哪些主要内容？
4. 宏观营销环境包括哪些主要内容？

【技能实训】

1. 实训名称：某集团市场营销环境分析。
2. 实训目的：认知营销环境对企业经营活动的影响。
3. 实训组织：

（1）人员：4～5人组成小组，选定小组长，以小组为单位进行训练。

（2）时间：与课程模块二教学同步。

（3）地点：多媒体教室或营销实训室。

4. 实训要求：

（1）通过各种途径搜索某集团的资料。

（2）分析某集团的营销环境。

（3）写一份SWOT的分析报告。

5. 实训评价：

（1）小组互评。

（2）教师点评。

模块三　消费者购买行为分析

【知识目标】

1. 分析消费者的行为
2. 掌握消费者的心理活动
3. 针对个人消费者和产业消费者制订不同的营销方案

【技能目标】

1. 了解消费者市场、消费者购买行为的含义
2. 掌握消费者购买行为类型、消费者购买决策过程
3. 领会消费者市场的特点
4. 分析某种购买行为的类型和特点，分析某种商品的购买决策过程
5. 掌握生产者市场购买的影响因素
6. 领会生产者市场购买决策过程

【引导案例】

据《美国商业》杂志报道，美国一家高尔夫球厂为了使自己的产品打入日本市场，在商品的包装上进行了精心研究，每盒装四只球，但销售结果却出乎意料，买者甚少，经过调查才知道，原来是在包装盒的数字上出了问题，因为“4”在日本是表示死亡的数字，难怪日本人不买美国的高尔夫球。

思考：

日本消费者为什么不愿买美国商品？

分析：

企业要开拓新的市场，必须加强对目标市场的调查研究，注意“入国问禁、入境问俗”，避“禁”就“俗”，避免和减少经营中的盲目性。针对人们的消费心理，企业应采取的态度是：尽可能满足人们祈福求安的心理；尊重民俗，特别是在国际交往中更要注意加强对数字的了解和运用，以利于产品打入国际市场。

项目1 消费者购买行为分析

一、消费者市场的定义

消费者市场是由为满足个人生活需要而购买商品的个人和家庭组成，它是组织市场和整个经济活动服务的最终市场。

小思考

十次心动，不如一次行动。

二、消费者购买行为的特点

1. 多样性和不确定性

消费者人数众多，分布面广，差异性大。

2. 少量性和多次购买

消费者的购买表现为数量少，批次多。除一部分耐用消费品外，大部分商品需要反复购买。

3. 可诱导性

消费者缺乏专门的知识，购买时需要对他们进行宣传、介绍和帮助；消费品本身也具有替代性强的特点；消费者的购买决策是分散、自发作出的。

小思考

你觉得自己的购买行为是否具有以上特点？

三、消费者购买行为的类型

1. 按消费者购买目标的确定程度分类

（1）完全确定型。

（2）半确定型。

（3）不确定型。

【案例】

一位女士的购买过程

一位女士在某商场的购物过程如下：因为原有的手机丢失，先到通信器材柜通过营业员介绍买了一款新推出的手机；然后在摄影器材柜被营业员宣传数码相机吸引，虽经营业员详细讲解，但因为没有使用经验，还是决定下次找个在行的朋友一起来购买；最后在日用品自选超市买了某款著名品牌的洗发水。

（来源：张润琴．市场营销基础．北京：高等教育出版社，2008）

思考：

1. 试分析这位女士在购买手机、数码相机和洗发水三种产品时的行为类型。

2. 结合案例分析针对上述消费者的行为类型，营销人员应采取何种策略？

分析：

1. 买手机时，这位女士的购买行为属于半确定型。其明显的消费特点是，虽然在购买商品前已有大致的购买目标，但购买商品具体要求还不是很明确，需要经过对各种商品多次的选择和比较才能作出购买决定。因此，针对这种类型的顾客，营销人员要耐心细致地介绍商品，做好顾客的参谋，要善于引导顾客最终作出购买决定。

2. 买数码相机时，这位女士的购买行为属于不确定型。其明显的消费特点是，在购买商品前没有明确的购买目标，购买时以观察为主，偶然遇到很感兴趣或者合适的商品才会购买，否则就放弃购买。对于这类购买者，营销人员应让其有一个充分自由的购买空间，不能对其施加压抑，在购买者考虑成熟时，再帮助其作出购买决定。

3. 买洗发水时，这位女士的购买行为属于完全确定型。其明显的消费特点是，在购买时目的性非常强，能主动提出购买商品的要求，而且只要商品符合她的需要，就会毫不犹豫地购买下来。因此，针对这种类型的顾客，作为营销人员应认真观察其购买行为和语言表达，想办法满足其购买欲望。

2. 按消费者的购买态度与要求分类

（1）习惯型。消费者往往根据过去的消费经验和使用习惯进行购买。消费者无须花费时间进行选择，这种购买行为最简单。消费者长期使用一种或数种品牌的商品，或长期惠顾某商店。

（2）慎重（理智）型。消费者冷静慎重，善于控制情绪，不受商品包装、广告和宣传的影响。

（3）冲动型。以直观感觉为主，喜欢追求新产品和时尚产品。消费者易受现场情景激发而购买，很容易受广告和促销方式的影响。

（4）经济（价格）型。购买时多从经济角度考虑。对商品价格敏感，或追求低价格，贪图廉价；或追求高价格，认为便宜没好货，专门追求高档高价商品。

（5）情感型。购买行为大多属于情感的反应，注重商品的造型和色彩。

（6）随意型。一般是应急购买、随意购买或奉命购买。消费者没有固定偏好，购买心理不稳定，缺乏主见和经验，选购商品属于尝试性购买。

【案例】

贬"味"扬"鸡"

一天家中做饭，少了一味调料，我急去附近超市选购。到味素货架前，被一位促销小姐堵住去路："先生是不是要买味精？千万别买啊！要买就买鸡精吧。"我不解："为何？"小姐作关切状："调味时鸡精比味精用量少一半，最重要的是味精吃多了会影响听力，甚至导致耳聋。"我对此闻所未闻，反问："你有事实根据吗？"小姐顿时语塞，怏怏离去。

（来源：张润琴. 市场营销基础. 北京：高等教育出版社，2008）

思考：

1. 这位顾客属于哪种购买类型？
2. 假如你是该促销小姐，你应该如何接待这种类型的顾客？

分析：

1. 这位顾客属于理智型。
2. 对于理智型顾客，营销人员应该尊重其选择，适时对其选择加以赞许和肯定，不要过多地参与意见，以免引起对方的反感。

四、影响消费者购买行为的主要因素

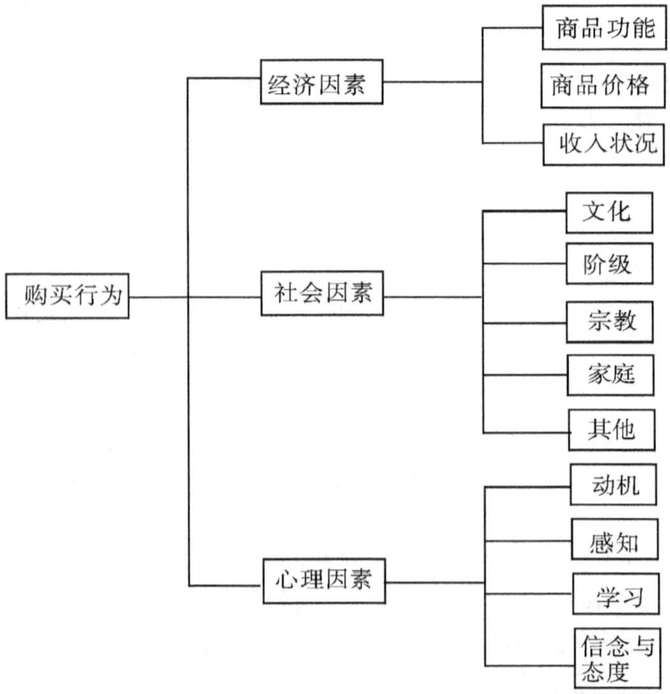

图 3－1 影响消费者购买行为的主要因素

1. 经济因素

经济学认为，消费者购买商品，遵循“最大效用”原则，把人的需求同效用联系起来，提出了有效行为说。主要经济因素有：商品功能、商品价格、消费者收入等。

2. 社会因素

社会学认为，人们的购买行为在很大程度上受社会群体、社会环境、社会地位的影响。主要社会因素有：文化、社会阶层、相关群体、宗教信仰、家庭状况等。

【案例】

指南针地毯

比利时一个地毯商把生意脑筋动到了穆斯林身上。这个名叫范德维格的商人，聪明地将扁平的指南针嵌入祈祷地毯。这种特殊的指南针不是指南或指北，而是直指圣城麦加。这样，伊斯兰教徒不管走到哪里，只要把地毯往地上一铺，顷刻之间就能准确找到麦加的方向。这种地毯一经推出，就在穆斯林地区成了抢手货。几个月内，范德维格在中东和非洲一下子就卖掉了25 000块地毯，赚了大钱。

（来源：张润琴. 市场营销基础. 北京：高等教育出版社，2008）

思考：

1. 消费者的购买决策很大程度上受社会文化因素、个人因素和心理因素的影响，这个比利时商人主要考虑了这三个因素中的哪一个因素而获得成功？

2. “指南针地毯”的启示是什么？

分析：

1. 这个比利时商人在经营活动中主要考虑了社会文化因素而获得成功。

2. 分析研究社会文化因素对企业营销活动有特别重要的意义。不同的宗教信仰有着不同的宗教禁忌、习俗和文化倾向，这些宗教的信仰者也有各自的生活方式和消费习惯。所以，企业必须综合考虑社会文化因素，开发研制符合消费者文化倾向的产品，才能在激烈的市场竞争中立于不败之地。

3. 心理因素

心理学认为，人们的购买行为是生理需求和后天经验相互作用的结果。人们的购买行为主要受动机、感觉和知觉、学习、信念和态度等四种心理因素的影响。

（1）动机。动机是一种推动人们为达到特定目的而采取行动的迫切需要，是行为的直接原因。心理学家马斯洛的需要层次理论将人类的需要由低到高排列成五个不同的层次，即生理需要、安全需要、社会需要、自尊需要和自我实现需要。

（2）感觉和知觉。指消费者通过其感官接受外界环境刺激时所形成的心理上的反应，是个体对社会和物质环境的最简单、最初步的理解。消费者有了购买动机后，就要采取行动，至于如何行动还要看他对商品等刺激物和对市场环境的反应，即感觉和知觉的影响。

【案例】

自己动手

美国旧金山的一家奶酪店，由于所在街区奶酪店过多，生意清淡。店主绞尽脑汁，终于想出一个新的经营方式。他规定顾客购买奶酪可以按所报的需要量自己切割。切割下的奶酪若比所报的需要量少的，可以补足；若切割下的奶酪多于所需要的量，超过量在盎司（英美制质量单位）范围内的，可免费赠送。奶酪店此举，不仅满足了顾客求新的心理，更符合青少年喜欢自己动手的特性，甚至有的青少年来店不是为了吃，而是比赛刀功，看谁切得准。奶酪店因此销量大增，生意兴隆。

（来源：张润琴．市场营销基础．北京：高等教育出版社，2008）

思考：

该奶酪店是利用了消费者的哪一种心理进行营销策划？

分析：

奶酪店并没有牺牲什么，只是改变了一下经营方式，就吸引了大批的人前来，原因就在于它抓住了人们的好奇心和总想动手试一试的心理。

（3）学习。学习是由经验而引起的行为变化的过程，人们的大多数行为是从后天经验即通过学习得来的。人们的学习过程是驱使力、刺激物、提示物、反应和强化等因素相互影响和相互作用的过程。

（4）信念和态度。所谓信念，就是指人们对某些事物所特有的看法。企业应非常关心消费者对其商品的信念，这些信念会形成产品和品牌的形象，并影响消费者的购买行为。特别对那些因消费者的误解而形成的错误信念，企业应通过积极开展宣传促销活动，加以纠正。所谓态度，就是指人们长期持有的对某些事物或观念的好与坏在认识上的评价、感受和行为倾向。对某种商品的肯定态度可以使它长期畅销，而否定态度则可能妨碍商品在市场上的销售。企业应该注意消费者的态度，一般情况下应该使自己的产品适宜消费者的现有态度，以便使自己的产品畅销不衰。

五、消费者购买行为分析

研究消费者购买行为的方法称为“4O”研究法，即研究购买对象（Objects）、购买动机（Objectives）、购买组织（Organization）、购买方式（Operation）。

1. 购买对象

市场需求什么？分析消费者的购买对象，首先要对消费者市场的商品进行细分。分类的方法通常有两种：

（1）根据商品的形态和使用频率分类，可分为：

①耐用消费品：如洗衣机、电视机、电冰箱、摩托车、家具等。

②易耗消费品：如毛巾、食品、肥皂、纸张、洗衣粉等。

【案例】

玩具消费潜力巨大。据有关部门统计，在我国现有的13亿人口中，14岁以下的少年儿童及婴幼儿有3.8亿，其中，城市儿童8 000万，农村儿童3亿，这是玩具行业的一块大市场。随着人们对休闲、娱乐需求的增加，以及人们对玩具功能观念的改变，玩具已不再是儿童的专利，越来越多高档、新颖的玩具开始成为成年人的休闲、娱乐用品。

据有关调查资料显示，城市儿童玩具人均年消费仅35元，而农村儿童玩具人均年消费不足10元。城市成年人玩具人均年消费仅12元，农村成年人玩具人均年消费基本上为零。这种极低的消费金额差异，恰好反映出我国玩具消费市场所拥有的难以估量的发展潜力。

那么，人们愿意消费玩具吗？62%的被调查者表示如有条件，将考虑购买适合自己的玩具，其中有23%的成年人认为自己喜欢并愿意玩玩具，只是目前适合成年人的玩具太少，他们建议多开发些适合成年人的玩具消费品。

③劳务：如技术指导、家电维修、理发等。

（2）根据消费者的购买习惯分类，可分为：

①方便商品：一般是消费者经常购买的小商品，具体分为三类：一是日用品，如牙膏、肥皂等；二是即兴商品，如旅游纪念品或工艺品；三是急需商品，如药品等。

②选购商品：一般是消费者反复比较挑选才决定购买的商品，可分为两类：一是同质商品选购，品牌是选购时重点考虑的因素；二是异质商品选购，关键在于销售点的分布，是否给顾客留有足够的选择余地。

③特殊品：消费者偏爱的独特商品或名牌消费品，选购的重点为知名度和服务水平。

④待觅购商品：消费者不知道的、有特殊用途的商品，这类商品的销售点不需太多，但要做好宣传推广工作。

2. 购买动机

动机是指推动人们进行各种活动的愿望和理想，是行为发生的直接原因。购买动机可以分为两类：

（1）生理性动机。

由人的生理运动本能产生，一般具有经常性、重复性和习惯性等特点，这类商品需求弹性小，是人们日常生活不可缺少的必需品。

（2）心理性动机。

①情感动机：由消费者的情感需求引起的购买动机，一般具有冲动性、随机性和不稳定性的特点。

②理智动机：消费者从自己的经济条件出发，在对企业和商品客观认识的基础上，经过比较、分析后形成的购买动机，这种购买动机一般具有客观性、周密性和控制性等特点。

③惠顾动机：消费者基于感情和理智的经验，逐步建立起对特定商品或厂商的信任和爱好，具有明确的经常性、习惯性特点。

【案例】

迷人的王妃风采

“凯丽”牌箱包几乎是当今世界上最贵的箱包了，但它的销路也最好！为什么呢？因为它是“凯丽”牌！

这个商标本身就是个最能招徕顾客的广告，它的由来还有个有趣的故事：生产“凯丽”牌箱包的赫尔梅斯，在20世纪30年代是个几乎破产的倒霉鬼，因为他不会投市场之机，生产又大又笨重的大肚子旅行包，在时过境迁之后产品大量积压。就在走投无路之际，摩纳哥王妃——全世界上流女士都羡慕的女人——格雷丝·凯丽却到他这儿来买那又大又笨重的旅行包。原因是王妃要出访欧洲，可是她怀孕了，需要拎一只大笨包来遮掩肚子。于是，王妃的倩影和赫尔梅斯的大笨包同时在各国的报刊上亮相。啊，王妃拎着包的风度太迷人了！于是大家都丢开了精美小巧的手提包，来买凯丽拎的这种包。

从此，只要是赫尔梅斯公司的“凯丽”箱包，管它什么款式，都是上流社会或想挤入上流社会的女士们的抢手货，尽管一个包的标价要数千甚至上万法郎。

（来源：张润琴．市场营销基础．北京：高等教育出版社，2008）

分析：

抓住时机，利用名人对普通民众的巨大影响为产品大作宣传，往往会取得意想不到的效果。

3. 购买组织

即购买主体，就消费者市场而言，主要是消费者个人和家庭在购买活动中，人们的不同身份：

倡议者——第一个想到或提议购买的人；

影响者——对最终购买商品有直接或间接影响的人；

决策者——对整个或部分购买决策有最后决定权；

购买者——购买决策的实际执行者；

使用者——所购商品的使用者或消费者。

【任务互动】

任务内容：请你以自己的家庭为例进行购买行为分析。

任务目的：帮助学习者分析自己熟悉的购买行为。

任务步骤：①分析家庭寿命周期所处的阶段，分析家庭各成员在购买中的身份，分析家庭各成员对购买决策影响力的差异；②请5个学生就以上问题发言，组织学生讨论和教师点评。

4. 购买方式

指消费者何时购买、何地购买、以何种形式购买。

六、消费者购买决策过程

1. 产生需求

产生需求是整个购买行为过程的起点。产生需求的刺激来自两个方面：一是人体内部的刺激，如饥饿、寒冷等；另一种是人体外部的刺激，如流行时尚、相关群体影响等。

2. 收集信息

收集信息的主要途径有：市场、相关群体、公众传播媒介、个人经验。

3. 比较评价（估价行为）

判定选择的过程会因价值观的不同而存在差异，因此，对同一决策方案，不同的消费者会作出完全不同的评价。

4. 购买决策

估价行为是决策的前提，决策是估价行为的结果。

5. 购后感受

消费者购买后使用的感觉，一是购买是否正确，二是使用是否理想。

【案例】

据《战国策》记载，春秋时代有一位卖骏马的人，在集市上站了三天，谁也没有注意到他的马。后来他去找名气很大的相马专家伯乐，对他说："我有一匹骏马，想卖掉，三天也没有人问津，请您帮帮忙，在马身边转悠一下，看一看，走开后再回过头来瞧一瞧，这样就够了。"伯乐一看，确实是匹好马，因此爽快地答应并且照着办了。顿时，这匹马变为人们抢购的对象，价格也因此被抬高了10倍。

分析：

骏马由滞转畅的奥妙就在于，马的主人掌握了人们对商品有消费需求，但又分辨不出优劣怕贸然买下吃亏的心理，利用名人伯乐的权威性来推销商品，以伯乐的无声动作，引起人们对马的注意和联想：这肯定是匹好马，要不然伯乐根本不屑一顾。从而激发了人们的占有欲望，最终达成了高价交易。

项目 2　生产者市场购买行为分析

一、生产者市场的含义

生产者市场又称为产业市场或企业市场，指购买的一切产品和服务将用于生产其他产品或劳务以供销售、出租或供给他人（包括个人和组织）。

生产资料是用来满足生产需要的，它的主要购买对象是企事业单位。

生产者市场主要包括：农业、林业、水产业、制造业、建筑业、通信业、公用事业、金融业、保险业、其他服务业等。

二、生产者市场购买行为

（一）生产者市场的特点

生产者市场的特点主要有：购买者的数量少，规模较大；购买者集中在少数地区；市场的需求是引申需求；市场的需求缺乏弹性；市场的需求是被动的需求；专业人员购买；直接购买；互惠；往往通过租赁方式取得产业用品。

（二）生产者市场的购买决策参与者

（1）使用者。即具体使用欲购买的某种产业用品的人员。

（2）影响者。即在企业内部和外部直接或间接影响购买决策的人员，他们协助决策者决定购买产品的品种、规格等，企业的技术人员是最主要的影响者。

（3）采购者。企业中组织采购工作的人员。

（4）决定者。企业中有批准购买产品权力的人。

（5）信息控制者。企业外部和内部能控制生产学习资源流到决定者、使用者身上的人员。

（三）购买类型

（1）直接重购。即企业的采购部门根据过去和供应商打交道的经验，从供应商名单中选择供货企业，并直接重新订购过去采购的同类产业用品。

（2）修正重购。即适当改变要采购的某些产品的规格、价格等条件或供应商。

（3）新购。即企业第一次采购某种产业用品。

（四）影响生产购买者决策的主要因素

（1）环境因素。即企业外部环境的因素，如一个国家的经济前景、市场需求、技术发展变化、市场竞争、政治法律等情况。

（2）内部因素。即企业本身的因素，如企业的目标、政策、组织机构、系统等。

（3）人际因素。企业采购参与者之间的人际关系。

（五）生产购买者购买决策过程

（1）认识需要。企业认识到有新的需要，才会产生新购和修订重购的情况。

（2）确定需要。即确定所需品种的特征和数量。

（3）说明需要。企业采购组织确定需要以后，要指定专家小组对所需品种进行价值分析，作出详细的技术说明，作为采购人员取舍的标准。

（4）物色供应商。在新购情况下，采购复杂的、价值高的品种，需要花较多时间物色供应商。

（5）选择供应商。采购中心根据供应商提供的产品质量、价格、信誉、及时交货能力、技术服务等条件来评价供应商，选择最有吸引力的供应商。

（6）选择订货程序。即采购经理开具订货单给选定的供应商，在订货单上列举技术说明、需要数量、交货期等。

（7）检查合同履行情况。采购经理最后还要向使用者征求意见，了解他们对购进的产品是否满意，检查和评价各个供应商履行合同情况。

【案例】

泰国首都曼谷有一家酒吧，店主在门口放着一个巨型酒桶，外面写着醒目的大字：“不准偷看！”许多过往行人十分好奇，非要看个究竟不可。哪知道，只要大家把头探进桶里，便可以闻到一股清醇芳香的酒味，还可以看到桶底中隐现着“本店美酒与众不同，请享用！”的字样，不少大呼“上当”的人，在莞尔一笑之后顿觉酒瘾大发，于是进店去试饮几杯。

思考：

该酒吧是利用了消费者的哪一种心理进行营销策划的？

【模块小结】

通过对消费者市场进行分析，使学习者能够对消费者行为作出判断，并采取相应的营销策略。通过生产者市场进行分析，使学习者能够对产业消费者行为作出判断，并采取相应的营销策略。

【练习题】

一、单项选择题

1. 分析研究影响消费者行为的内在心理因素的目的是为了（　　）。

A. 降低调研成本

B. 了解消费者的经济承受能力

C. 区分不同阶层消费者以满足他们不同的需要

D. 采取适当的营销策略技巧，以诱导消费者作出对企业有利的选择

2. 在消费者的购买行为中，（　　）驱动下的购买，比较注重商品质量、讲求实用，更加关心售后服务和价格。

A. 情绪动机　　B. 情感动机　　C. 理智动机　　D. 惠顾动机

3. 基于情感和理智的经验，对特定商店、商品或品牌产生特殊信任和偏好，使消费者习惯地重复购买，这是（　　）。

A. 情感动机　　B. 情绪动机　　C. 理智动机　　D. 惠顾动机

4. 一个消费者的完整购买过程是从（　　）开始的。

A. 引起需要　　B. 筹集经费　　C. 收集信息　　D. 决定购买

5. 小王见同事小张买了台游戏机，觉得很好，于是准备星期天也上街选购一台。这时小王处于购买决策过程的（　　）阶段。

A. 引起需要（确认需求）　　B. 收集信息

C. 评估比较　　D. 购买决策

6. 影响消费行为最广泛、最深远的因素是（　　）。

A. 文化因素　　B. 社会因素　　C. 个人因素　　D. 心理因素

7. 马斯洛认为人类最低层次的需要是（　　）。

A. 生理需要　　B. 安全需要　　C. 自尊需要　　D. 社会需要

8. 消费者购买行为产生的内在动力和主观原因是（　　）。

A. 寻找信息　　B. 购买动机　　C. 消费需求　　D. 作出选择

9. 消费者在购买时对商品的价格非常敏感，这种消费者属于以下哪种购买类型（　　）。

A. 情感型　　B. 冲动型　　C. 经济型　　D. 理智型

10. 消费者的购买单位是个人或（　　）。

A. 集体　　B. 家庭　　C. 社会　　D. 单位

二、多项选择题

1. 针对消费者市场复杂多变的特点，要求企业（　　）。

A. 通过促销影响和引导消费　　B. 对市场进行细分

C. 选择好目标市场　　D. 提高服务质量

E. 不断开拓新市场

2. 在以下因素中，影响消费者购买行为的主要因素是（　　）。

A. 购买者　　B. 销售者　　C. 批发商

D. 产品　　E. 购买情景

3. 消费者市场的消费者主要是（　　）。

A. 个人　　B. 家庭　　C. 社会　　D. 政府

4. 消费者收集信息的来源包括（　　）。

A. 市场　　B. 相关群体　　C. 媒体　　D. 个人经验

5. 影响消费者购买行为的主要因素是（ ）。
A. 文化因素 B. 社会因素 C. 个人因素 D. 心理因素
6. 影响生产购买者决策的主要因素是（ ）。
A. 环境因素 B. 政治因素 C. 人际因素 D. 文化因素
7. 消费者的购买行为受以下哪些心理因素的影响（ ）。
A. 动机 B. 知觉 C. 学习 D. 信念

三、案例分析题

某国一出版公司有一批滞销书久久不能售出。推销人员想出一个主意，给总统送去一本书并征求意见。总统忙于政务便回了一句："这本书不错。"销售人员便大做广告："现有总统喜爱的书出售。"书即被抢购一空。不久，又有书卖不出去，销售人员又送给总统一本，上过当的总统便"回敬"一句："这本书糟透了。"转天该公司发出广告："现有总统讨厌的书出售。"结果书又卖完了。第三次，该公司又如法炮制，总统吸取教训，不予答复。于是该公司再发出广告："现有总统难下结论的书出售，欲购从速。"书仍被抢购一空。

（来源：张润琴．市场营销基础．北京：高等教育出版社，2008）

思考：

请分析本案例中消费者的购买行为主要受什么因素的影响？

【技能实训】

1. 实训名称：模拟家庭购车决策。
2. 实训目的：帮助学生掌握消费者购买决策的过程及决策过程影响的因素。
3. 实训组织：
（1）人员：4 ~5 人组成小组，选定小组长，以小组为单位进行训练。
（2）时间：与课程模块三教学同步。
（3）地点：多媒体教室或营销实训室。
4. 实训要求：
（1）一个小组为一个家庭，并确定小组成员不同的家庭角色。
（2）模拟一个家庭的买车过程，结合实际分析这一购车决策主要有哪些步骤。
（3）每小组写出书面报告，明确购车的决策过程及影响决策的各种因素。
5. 实训评价：
（1）小组互评。
（2）教师点评。

模块四　目标市场营销策略

【知识目标】

1. 理解STP营销的含义
2. 掌握目标市场策略和市场定位策略
3. 正确进行市场细分和目标市场选择
4. 根据实际情况进行准确的市场定位，运用目标市场策略和市场定位策略去占领市场，实现企业经营目标

【技能目标】

1. 了解STP营销的含义
2. 领会STP营销的步骤
3. 掌握市场细分的原则和方法
4. 领会市场细分的作用、消费者市场细分的标准
5. 领会目标市场选择的标准
6. 影响目标市场选择的因素
7. 掌握目标市场策略和市场定位策略

【引导案例】

"润妍"停产

宝洁公司从1997年调整产品战略，提出了研制中草药洗发水的要求，决定为旗下产品中引入黑发和植物概念品牌。其品牌"润妍"经过三年"积极的消费者调研和品牌酝酿期"，将目标人群定位为18～35岁的城市高知女性，产品采用先洗发后润发的设计，需要经过洗发和润发两个步骤。2000年，产品终于面世，其包装、广告形象无不代表着当时中国洗发水市场的一流水准，给整个洗发水行业以极大的震撼。但是，"润妍"在推出的两年期间，其市场表现却令宝洁上下感到明显的失望。2002年4月，"润妍"全面停产，退出市场。

思考：

一个产品、广告与形象都不错的品牌，为什么这么快就退出市场？

分析：

"润妍"之所以这么快就走上不归路，主要因为：三年调研，延误了战机；广告概念诉求与目标消费群错位；产品采用先洗发后润发设计，与中国人洗发习惯相左。

项目1　STP营销

一、STP营销的含义

STP营销又称为目标市场营销或STP三步曲，被经济学家视为现代战略营销的核心，包括细分市场（Segmenting Market）、选择目标市场（Targeting Market）和产品定位（Positioning）。现代企业为了充分利用自身有限的资金和物质资源，生产最适合受众的产品，理应从市场细分入手，确定目标市场，然后再进行市场定位。这样才能选定最适合企业的营销战略，以销售潜力最大、获利最丰的那些市场作为自己努力的目标，并打入和占领这些市场。

在营销理论中，市场细分、目标市场、定位都是构成公司营销战略的要素，被称为营销战略的STP。

【案例】

"现代营销学之父"菲利普·科特勒博士在一次采访中当记者问道："您认为成功的营销战略包括哪些内容?"他的回答是："只存在一种成功的战略，那就是仔细地定位目标市场，并且直接向该目标市场提供一流的产品或服务。产品或服务在一个或几个方面的独特表现必须是一流的，例如更好的质量、更多的特色、更低的价格或者物超所值。不然，企业的产品或服务就只能是对他人产品或服务的简单模仿，缺乏吸引消费者的独创的特质。"

二、STP营销的步骤

STP营销有3个主要步骤：

（1）市场细分。根据购买者对产品或营销组合的不同需要，将市场分为若干个不同的顾客群体，并勾勒出细分市场的轮廓。

（2）确定目标市场。选择要进入的一个或多个细分市场。

（3）定位。建立与在市场上传播该产品的关键特征与利益。

【案例】

市场就是一个大大的生日蛋糕

第一步（Segmentation）：把蛋糕切成一块一块，有些有水果，有些没水果，有些奶油比较多，有些奶油比较少。将蛋糕切成一块一块之后，就完成了蛋糕（市场）细分。

第二步（Targeting）：按照你的爱好来选择蛋糕，喜欢吃水果，就选择水果比较多的那块。在营销中，就是说你选择了一个使得企业可盈利的目标市场。

第三步（Position）：因为你喜欢吃有水果的蛋糕，所以告诉你身边的人有水果的蛋糕是多么好吃，以此来证明你的选择是最好的。在营销中，就是利用广告等多种手段来展示你的企业的印象、产品等，以此来吸引消费者。

项目 2　市场细分

一、市场细分概述

（一）市场细分的含义

20 世纪 50 年代中期，美国著名的市场学家温德尔·史密斯（Wendell R. Smith）提出了市场细分（Market Segmentation）的概念。市场细分理论为企业选择目标市场提供了基础。市场细分是企业根据消费者需求的不同，把整个市场划分成不同的消费者群的过程，其客观基础是消费者需求的异质性。进行市场细分的主要依据是异质市场中需求一致的顾客群，实质就是在异质市场中求同质。因此，可以说市场细分的目标不是为了分解，而是为了聚合，即在需求不同的市场中把需求相同的消费者聚合到一起。当然，细分市场并不是企业的目的，不能为了细分而细分，市场也不是划分得越细越好。

具体而言，市场细分是指企业在调查研究的基础上，依据消费者的购买欲望、购买动机与习惯爱好的差异性，把营销市场划分成不同类型的群体，每个消费群体构成企业的一个细分市场。营销市场可以分成若干个细分市场，每个细分市场都由需求和愿望大体相同的消费者构成。在同一细分市场内部，消费者需求大致相同，不同细分市场之间则存在明显的差异性。

市场细分的理念可通过如下例子得出。

【案例】

一家航空公司对从未乘过飞机的人很感兴趣（细分标准是顾客的体验）。而从未乘过飞机的人又可以细分为害怕飞机的人、对乘飞机无所谓的人以及对乘飞机持肯定态度的人（细分标准是态度）。在持肯定态度的人中，又包括高收入、有能力乘飞机的人（细分标准是收入能力）。于是这家航空公司就把力量集中在开拓那些对乘飞机持肯定态度，只是还没有乘过飞机的高收入群体。

市场细分的观点是温德尔·史密斯在总结了许多企业的市场营销经验以后提出的一种选择目标市场的策略思想。他主张凡是市场上的产品或劳务的购买者超过两人以上者，这个市场就有被细分为若干小区域的可能。由于此观点顺应了“二战”后美国众多产品的市场转化为买方市场这一新的市场形势，因此，它一问世立即被企业界所认可，并被誉为创造性的新概念。这一理论的依据是消费需求的绝对差异性和相对同质性。

市场细分的主要任务是：企业必须确定各种区分市场的方法，描绘出这些有实际意义的细分市场的轮廓，并最后衡量每个细分市场对企业的吸引力。

【案例】

改革开放初期，在众多乡镇企业争先恐后大量生产电扇时，杭州的王星记扇厂在市场调查的基础上，利用市场细分策略，把小生意做成大生意。他们根据年轻人喜爱新奇、精致的小工艺品，老年人喜欢怀旧以及国外市场关注中国特色产品的特点，生产出各种各样的时髦精致的工艺品扇、适合老年人使用的羽毛扇、专供出口的红木屏风扇和檀香扇等，赢得了广阔的市场，工厂的产值年递增21%，利润递增40%，产值和利润的上升幅度远远超过同等规模的电扇厂。

（二）市场细分的依据

1. 消费者需求的差异性

市场细分的过程实际上是根据需求差异对消费者进行分类的过程。消费者的需求具有同质和异质之分。

从同质需求来看，首先，对于有些商品来说，消费者的需求是十分相似的，他们对商品和服务的要求，以及对企业营销的反应具有一定的一致性。如对电力、自来水的供应，所有的消费者对此需求大致相同，而且对接受统一价格没有很大的异议。这就是消费者需求的同质性或类似性，因此称为“同质市场”。其次，由于同一地理条件、社会环境和文化背景，消费者会形成有相对类同的亚文化群，他们的需求特点和消费习惯大致相同。消费者需求的相对同质性使市场细分有了实现的可能性，因为如果完全按照每一个消费者的需求来细分市场，那肯定会造成成本过高，对企业来说是不现实的。正因为如此，市场上各形各色的消费者才能按一定标准聚合成不同的群体，每一个群体就是一个有相似欲望和需求的市场部分或子市场，这样使市场细分成为可能。对于这些同质需求来说，企业的市场营销活动比较简单。

从异质需求来看，在现代市场上，对于大多数商品与服务来说，消费者的需求是各不相同的。这主要是由于人们的个性、爱好、动机、经济状况、生活方式以及家庭、生理等存在差异，人们追求不同的利益，具有不同的需求特点和购买习惯，以至于对商品的品种、数量、价格、式样、规格、色彩乃至购买时间和地点的要求都会有所不同，从而表现为各种各样的不同需求。例如家居装修市场，不同的家庭对装修的具体要求完全不同，这就是消费者需求的异质或差异性，称为“异质市场”。客观存在的需求差异应该得到企业的尊重和鼓励，因为正是消费者需求的异质性组成了不同的消费者群体，每一个消费者群体就构成了一个具有类似购买欲望和要求的细分市场。

消费者需求的同质性和异质性是相互联系的，在一个消费者群中既存在着需求的同质性，也存在着需求的异质性，同质性寓于异质性之中。由于需求的异质性是客观存在的，企业在市场营销中就不能笼统地对待消费者，而应该针对不同消费者之间的需求差异，把有类似需求的消费者划归为一个群体，把整体市场分为若干个消费者群，然后根据企业自身的条件，选择其中一个或几个为目标市场，从而有效地利用企业资源，避免市场营销的盲目性。如果企业不这样做，面对复杂而庞大的市场肯定会感到无所适从，不知从何处着手开展市场营销活动。

2. 企业资源的有限性

由于市场外部环境的不可控性和企业资源的有限性，任何一家企业都不可能满足市场上所有顾客的要求。不论是产品还是服务，即使是一个在市场上处于领导地位的大企业，也不可能在市场营销的全过程中占有绝对优势。企业在竞争的市场环境中，如果想要进行有效竞争以赢得自己的一席之地，就必须进行市场细分，然后选择自己最有利可图的细分市场，集中资源，制定有效的竞争策略来取得市场中的竞争优势。

（三）市场细分的作用

市场是一个综合体，是多层次、多元化的消费需求的集合体，任何企业都不可能满足所有消费者的需求。企业营销要想取得理想的效果，就必须定义自己的目标市场，为自己定义的目标市场中的客户服务。

【案例】

脑白金以中老年人为主要消费对象，而且仅限于大中城市，这在价格上表现得很明显，68 元/盒、平均每天 7 元的消费水平正好处于保健品价位的中等层次，一般小城镇、农村以及非富裕地区的中老年人很难消费，这就是脑白金在富裕地区销量远远大于非富裕地区的原因，脑白金难以再由地级市向县级市渗透，脑白金市场定位走的就是城市化路线。脑白金的成功得益于其正确的目标市场选择和准确的市场定位。

市场细分是企业进行营销的一个非常重要的战略步骤，是企业认识营销市场、研究营销市场进而选择目标市场的基础和前提。具体来说，营销市场细分有以下几个方面的作用：

第一，有利于企业发掘市场机会和开拓新的市场。消费者尚未加以满足的需求，对企业而言往往是潜在的，一般不易发现。在调查基础上的市场细分，可以使企业深入了解市场顾客的不同需求，并根据各子市场的潜在购买数量、竞争状况及本企业实力的综合分析，发掘新的市场机会，开拓新市场。

第二，有利于制定和调整市场营销组合策略。市场细分是营销策略运用的前提，企业在对营销市场细分后，细分市场的规模、特点显而易见，消费者的需求清晰，企业就可以针对各细分市场制定和实施营销组合策略，做到有的放矢。

第三，有利于集中使用企业资源投入目标市场，取得最佳营销效果。不管企业在营销中试图开展什么工作或者最后总的目的是什么，都将面对营销中的主要和次要的目标市场。在营销中，企业不仅要确定自己的目标市场在哪里，还要确定哪些是主要的，哪些是次要的，从而选择对自己最有利的目标市场，合理使用企业有限的资源，以取得最理想的经济效益。尚未被别的竞争者发现的市场，才是潜力最大的市场。

【案例】

蜡烛，这是很普通、很简单的产品，在欧美国家里并没有引起厂商的注意，至于那些跨国公司更是不把它放在眼里。可是，在庆祝圣诞、婚礼、生日的时候，欧美人出于风俗的需要，要大点蜡烛，以增加节日的气氛。港商抓住这一市场空当，大量生产蜡烛，大做蜡烛生意，垄断了全世界蜡烛市场，20 世纪 70 年代以来，香港出口蜡烛一直为全球之冠。莫看它是一种微不足道的小产品，全港蜡烛厂员工还不足 1 000 人，年创汇却高达 1 亿美元。

分析：

第一，明确目标市场，提高营销活动效率。有所为，有所不为，扬长避短。第二，优化市场资源配置，开展有针对性的重复营销，减少资源浪费，降低和避免不必要的市场风险。第三，更好地认识、理解和适应各种市场差别，提高市场供应品与市场需求的适应性，从而提高市场竞争力和市场盈利率。

第四，有利于满足消费者的潜在需要。企业通过市场细分以后选定的市场小而具体，可增强市场调研的针对性，确切掌握消费者的消费倾向变化情况，分析潜在需要，发展新产品或新的服务项目，开拓新市场。从这点上看，市场细分对中小企业具有更为重要的意义。因为它们比起大型企业来说资源更为有限，市场经营能力也无法与市场领先的大企业相比。但是，它们可以通过市场细分化，发现与自己企业资源相符合的可以见缝插针、拾遗补缺的某些市场空隙，把握机会，集中人力、财力、物力及信息等一切资源投入该细分市场，以企业的全部力量对抗竞争者的部分力量，从而在此市场上建立稳固的地位。

【案例】

南昌日用化工总厂年产“草珊瑚”牙膏8 000万支，而每年只有300万元的广告宣传费，平均每支牙膏的促销费用仅4分钱左右，这是无法与大企业的广告宣传费用相比的。面对市场上强大的对手，南昌日用化工总厂没有以卵击石，他们在进行认真的分析和调查后，细分市场，决定走“农村包围城市”的路子，把销售工作的重点放在竞争对手尚未涉足或较少涉足的农村和小城镇，先后在省外开拓了淮阳、盐城、临沂、陆丰、临河等一些小城镇的牙膏市场，销售额达3 000多万元。

（四）市场细分的可能性

由于不同的生产企业所采用的生产设备、生产程序、生产方法不可能完全一致，因此，即使是同类产品，由不同企业向市场提供时也会有所不同。

各个生产企业都拥有一些特殊资源（或人才、特殊设计，或供销渠道、营销手段、进货来源等）。

各个生产企业在产品的设计、生产、改革和革新等方面的进展不同，生产总会有前有后，不可能同时供应市场。

各个企业对市场需求特点及趋势的估计也不一样。

【任务互动】

第一步，学习者了解本模块的主要内容和要求；

第二步，学习者阅读有关资料和信息并提问；

第三步，参与任务并完成练习。

二、市场细分的原则和标准

（一）市场细分的原则

实现市场细分化，并不是简单地把消费者视为需求相同或不同就行了。因为它在企业市场营销活动中处于战略地位，直接影响到企业各种营销策略的组合。所以市场细分必然遵循一定的原则，或者具备一定的条件。

1. 可衡量性

可衡量性指表明消费者特征的有关资料的存在或获取这些资料的难易程度，亦即细分出来的市场不仅范围比较明晰，而且能够大致判定该市场的大小。各有其容易认识的组成人员、共同的特征，表现出类似的行为，并且有可能取得表明购买特性的资料。比如，以地理因素、消费者的年龄和经济状况等因素进行市场细分时，这些消费者的特征就很容易衡量，该资料获得也比较容易，而以消费者心理因素和行为因素进行市场细分时，其特征就很难衡量。

进行市场细分就是为了对一部分市场进行全面和彻底的开发与运用，那么在进行细分市场时一定要考虑到可衡量性，也就是说要有可控性。主要表现为：对要明确了解到细分市场上消费者对商品需求的差异性的各项要求，通过产品或服务反映和说明让消费者感觉到你的差异。对细分后的市场范围清楚界定，如礼品市场可分为国内市场、国际市场，其中国内市场还可进一步细分为华东市场、华中市场、华北市场、华南市场、西南市场、东北市场等；也可根据消费行为细分为儿童礼品市场、青年人礼品市场、老年人礼品市场等。如对生产资料市场进行细分，则可选择最终用户、用户规模和生产能力、用户地点等因素作为细分标准。对市场容量的衡量，在细分市场后，作为企业就要明确细分范围内的市场容量是多大，因为细分市场就是为了对市场进行全面彻底的开发和利用。对市场潜力的衡量，成功营销最大的定律就是不断开发新的有需求的市场，对于一个商品来说不是所有的地区都有无限的市场，所以在细分市场时除了考虑到现有的市场容量，还要考虑在将来很长一段时间内，对于这个细分范围内还有很多潜在的市场需求。

2. 可盈利性

可盈利性是指营销市场细分后各子市场的需求规模及获利性值得企业进行开发的程度。细分市场是否有足够的需求规模，也就是说，细分出来的各子市场必须大到足以使企业实现它的利润目标。一个细分市场是否大到足以实现具有经济效益的营销目标，取决于这个市场的人数和购买力。在进行市场细分时，企业必须考虑细分市场上消费者的数量、消费者的购买能力和购买数量。一个细分市场应该是适合设计一套独立营销计划的最小单位，因此，市场细分并不是分得越细越好，而是应该科学归类，保持足够容量，使企业有利可图。

3. 可占据性

可占据性是指企业能有效地集中力量占据目标市场并有效地为之服务的程度。企业对所选中的目标市场，能有效地集中营销能力开展营销活动。可占据性一方面指企业能够通过一定的媒体把产品信息传递给细分市场的消费者；另一方面指产品经过一定的渠道能够到达细分市场。对于企业难以占据的市场，进行细分也就毫无意义。不管多么好的市场如果企业或是商品没法占据这块市场，那么再细分也是没有意义的，所以细分市场时一定要考虑到企业进入这个市场有多大的一定量的销售额。根据这一要求企业要从各个细分市场的规模、发展潜力、购买力等方面进行着手，通常来说，在企业对营销策略和商品有绝对信心时，市场的规模、发展潜力、购买力等越大，那么企业进入这个目标市场后占据性就会越强，销售额就会越大。

4. 反应的差异性

反应的差异性也就是可区分性，指不同的细分市场对企业采用相同营销策略组合的不同反应程度。如果市场细分后，各细分市场对相同的营销组合策略作出类似的反应，就不需要为每个子市场制定一个单独的营销组合策略了，细分市场也就失去了意义。例如，所有的细分市场按同一方式对价格变动作出反应，也就无需为每一个市场制定不同的价格策略。

5. 相对稳定性

细分市场必须在一定时期内保持相对稳定，以使企业制定较长期的营销策略，有效地开拓并占领该目标市场，获取预期收益。若细分市场变化过快，将会增加企业的经营风险。任何一个企业在做一项产品或服务时都想在进入市场后能够有一个长期、稳定的市场。所以一定要考虑占领后的目标市场能保证企业在相当长的一个时期内经营稳定，避免目标市场变动过快给企业带来风险和损失，保证企业取得长期稳定的利润。

值得注意的是，细分市场并不是越细越好。如果分得过细会导致以下后果：增加细分变数，给细分带来困难；影响规模效益；增大费用和成本。这时就应该实施“反细分化”策略，它并不是反对市场细分，而是要减少细分市场数目，即略去某些细分市场或把几个太小的细分市场集合在一起。通常细分市场具有以下特征：

（1）细分市场的需求特征必须是可衡量的。

这是指细分后的市场必须是企业可以识别和衡量的，也就是企业应首先掌握能明显表现消费者不同特征的资料，使得细分后的同一个市场的消费者确有类似的行为特征，而各个不同的细分市场之间又有明显的区别。如果设定的细分变数难以衡量，就无法界定市场，最终目标也就落空。

（2）细分后的市场必须是需求足量的。

对于企业来说，细分市场的范围应大致可以实行一整套营销方案，使企业可以实现自己的利润目标。这就取决于这个市场是否有足够的、有货币支付能力的潜在购买者，是否存在可以拓展的可能，使企业能够一方面补偿成本，一方面获得利润，获得理想的经济与社会效益。反之，细分市场如果规模过小，范围过窄，需求量不大，进行产品差异化必然导致生产成本与推销费用相应地增长，企业难以取得规模效益，造成市场细分所得的收益不足以补偿所增加的成本与费用，这种细分市场对企业没有实用价值。

（3）细分市场必须是企业可以进入的。

企业的市场营销活动，会受到一定的能力与条件的制约，所以，细分后的市场必须是企业的营销活动可达到的。这主要表现在两个方面：一方面是对细分后的市场，企业能够对消费者施加影响，能够传递产品的信息，进行产品的销售和产品的竞争，另一方面，企业的资源实力确实与细分市场相适应，这才是可以接受的市场。否则，吸引力再大也只能放弃。

（4）细分市场必须是相对稳定的。

细分后的市场应有相对的时间稳定性，否则细分市场也是没有意义的。细分后的市场能否在一定时间内保持相对稳定，直接关系到企业生产营销的稳定。如果细分后的市场需求变化过快，就会影响企业生产结构、产品组合的稳定，增加企业的经营风险，特别是大中型企业由于投资周期长、转产慢，更容易造成经营困难，严重影响企业经济效益。

（5）细分市场应具有高反应度。

在比较理想的情况下，各个细分市场应该对营销组合中的因素有不同的反应。如果所有细分后的市场反应均一样，那么就无法采取特殊设计的营销组合，市场细分也就不必要了。对产品属性变化的反应度是确定市场细分的有效工具，它为企业有针对性地制定营销组合策略提供可能性。

小思考

有些顾客对价格敏感，但是对商品的外包装则无所谓；有些顾客对产品结实与否要求高，对外观则无所谓。

（二）市场细分的标准

1. 消费者市场的细分标准

消费者需求的差异性是市场细分的基本标准，而影响消费者需求差异性的因素是多种的。影响消费者需求的各种因素都可以作为市场细分的标准，由于这些因素是变动的，因此，市场细分的标准又叫市场细分变数。细分消费者市场所依据的变数很多，可以概括为四大类：

（1）地理因素。

地理细分是指按照消费者所处的地理位置、自然环境来细分市场，比如，根据国家、地区、城市规模、气候、人口密度、地形地貌等方面的差异将整体市场分为不同的细分市场。地理因素之所以作为市场细分的标准，是因为处在不同地理环境下的消费者对于同一类产品往往有不同的需求与偏好，他们对企业采取的营销策略与措施会有不同的反应。比如，在我国南方沿海一些省份，某些海产品被视为上等佳肴，而内地的许多消费者则觉得味道平常。又如，由于居住环境的差异，城市居民与农村消费者在室内装饰用品的需求上大相径庭。地理变量易于识别，是细分市场应予以考虑的重要因素，但处于同一地理位置的消费者需求仍会有很大差异。比如，在我国的一些大城市如北京、上海，流动人口逾百万，这些流动人口本身就构成一个很大的市场，很显然，这一市场有许多不同于常住人口市场的需求特点。所以，简单地以某一地理特征区分市场不一定能真实地反映消费者的需求共性与差异，企业在选择目标市场时还需结合其他细分变量予以综合考虑。

表 4－1　地理因素细分标准

标准	典型细分
区域	东北、华北、西北、华南、西南、华中、华东
气候	南方、北方、干旱、多雨、亚热带、热带、温带
地形	高原、平原、沙漠、山区
人口密度	都市、郊区、乡村、边远地区等
国别	中国、美国、日本、欧洲国家等
城市	特大城市，大、中、小城市

（2）人口因素。

按人口统计因素，如年龄、性别、家庭规模、家庭生命周期、收入、职业、教育程度、宗教、种族、国籍等为基础细分市场。消费者需求、偏好与人口统计变量有很密切的关系，比如，只有收入水平很高的消费者才可能成为高档服装、名牌化妆品、高级珠宝等的经常买主。人口统计变量比较容易衡量，有关数据也相对比较容易获取，由此构成了企业经常以它作为市场细分标准的重要原因。

人口因素包括以下几种：

①性别。男性与女性在产品需求与偏好上有很大不同，如在服饰、鞋帽、化妆品等方面的需求明显有别。像美国的一些汽车制造商，过去一直是迎合男性的要求设计汽车，现在，随着越来越多的女性参加工作和社会经济地位的提高，这些汽车制造商正研究市场机会，设计具有吸引女性消费者特点的汽车。

②年龄。不同年龄的消费者对商品需求的特征也有着明显的差异。一般来说，儿童需要玩具、食品、童装、儿童读物；青年人则需要学习、体育和文娱用品；老年人需要营养品与医疗保健用品等。按年龄细分市场，有利于满足各年龄档次的消费者的特定需要。因此，企业必须掌握消费者的年龄结构、各年龄段的消费者占整个消费者群体的比重及各种年龄消费者的需求特点。

③收入。不同收入的消费者对商品的需求也有明显的差异。一般而言，低收入者对商品价格会比较敏感，而高收入者更看重商品的品质以及购买的方便性。比如，同是外出旅游，在交通工具以及食宿地点的选择上，高收入者与低收入者会有很大的不同。再如，目前我国学生占上网人口的比重较大，而有网上消费记录的却不多，这在很大程度上也是由于经济条件的制约。正因为收入是引起需求差别的一个直接而重要的因素，所以企业应该用不同档次、不同价格的商品去满足具有不同支付能力的消费者。

④职业与教育。按消费者职业的不同、所受教育的不同以及由此引起的需求差别细分市场。比如，教师、职员、工人、农民、学生等不同职业者，对商品的需求有明显的差异。又如，由于消费者所受教育水平的差异引起的在志趣、生活方式、文化素养、价值观念等方面的差异，会影响到他们的购买种类、购买行为和购买习惯等，不同消费者对居室装修用品的品种、颜色等有不同的偏好就是一个证明。

⑤家庭生命周期。一个家庭按年龄、婚姻和子女状况等，可划分为七个阶段。在不同阶段，家庭购买力、家庭人员对商品的兴趣与偏好有较大差别。①单身阶段：年轻，单身，几乎没有经济负担，新消费观念的带头人，娱乐导向型购买；②新婚阶段：年轻夫妻，无子女，经济条件比较好。他们的购买力强，对耐用品、大件商品的购买欲望强烈；③满巢阶段Ⅰ：年轻夫妻，有6岁以下子女，家庭用品购买的高峰期。不满足现有的经济状况，注意储蓄，购买较多的儿童用品；④满巢阶段Ⅱ：年轻夫妻，有6岁以上未成年子女，经济状况较好，购买趋向理智型，受广告及其他市场营销刺激的影响相对减少，注重档次较高的商品及子女的教育投资；⑤满巢阶段Ⅲ：年长的夫妇与尚未独立的成年子女同住，经济状况较好，夫妻双方或子女皆有工作。他们注重储蓄，购买冷静、理智；⑥空巢阶段：年长夫妇，子女离家自立。前期收入较高，购买力达到高峰期，较多购买老年人用品，如医疗保健品，娱乐及服务性消费支出增加。后期退休收入减少；⑦孤独阶段：单身老人独居，收入锐减，特别注重情感、关注等需要及安全保障。

除了上述方面，经常用于市场细分的人口变数还有家庭规模、民族、种族、宗教、国籍等。实际上，大多数企业通常采用两种或两种以上人口因素来细分市场。

表 4－2 人口因素细分标准

标准	典型细分
收入	高、中、低
国籍	中国人、美国人、英国人、新加坡人等
年龄	婴儿、儿童、少年、青年、中年、老年
教育	小学、初中、高中、大学、研究生等
性别	男、女
民族	汉、满、维吾尔、回、蒙古、藏、瑶、土家、白族等
职业	学生、职员、教师、科研人员、管理人员、工人、退休人员等
家庭收入（年）	5 000 元以下、5 000 ~ 10 000 元、10 000 ~ 20 000 元、20 000 ~ 30 000 元、30 000 ~ 50 000元、50 000 元以上等
家庭人数	1 ~ 2 人、3 ~ 4 人、5 人以上等
宗教	佛教、道教、基督教、天主教、伊斯兰教等
种族	白色人种、黑色人种、黄色人种、棕色人种等

（3）心理因素。

根据消费者所处的社会阶层、生活方式、个性特点等心理因素细分市场就叫心理细分。

①社会阶层。社会阶层是指在某一社会中具有相对同质性和持久性的群体。处于同一阶层的成员具有类似的价值观、兴趣爱好和行为方式，不同阶层的成员则在上述方面存在较大的差异。很显然，识别不同社会阶层的消费者所具有的不同特点，对很多产品的市场细分将提供重要的依据。

②生活方式。通俗地讲，生活方式是指一个人怎样生活。人们追求的生活方式各不相同，有的追求新潮时髦，有的追求恬静、简朴，有的追求刺激、冒险，有的追求稳定、安逸。西方的一些服装生产企业，为“简朴的妇女”、“时髦的妇女”和“有男子气的妇女”分别设计不同服装；烟草公司针对“挑战型吸烟者”、“随和型吸烟者”及“谨慎型吸烟者”推出不同品牌的香烟，均是依据生活方式细分市场。

③个性特点。个性是指一个人比较稳定的心理倾向与心理特征，它会导致一个人对其所处环境作出相对一致和持续不断的反应。俗语说，“人心不同，各如其面”，每个人的个性都会有所不同。通常，个性会通过自信、自主、支配、顺从、保守、适应等性格特征表现出来。企业依据个性因素细分市场，可以为其产品更好地赋予品牌个性，以与相应的消费者个性相适应。

表 4-3　心理因素细分标准

标准	典型细分
社会阶层	上上层、上下层、中上层、中下层、上下层、下下层
生活方式	事业型、朴素型、时髦型、知识型、娱乐型等
个性特点	外向型或内向型、理智型或冲动型、积极型或保守型
社交习惯	喜欢交际、交际一般、孤僻
自主能力	独立行事、依赖他人

（4）行为因素。

根据消费者对产品的了解程度、态度、使用情况及反应等将他们划分成不同的群体，叫行为细分。许多人认为，行为变数能更直接地反映消费者的需求差异，因而成为市场细分的最佳起点。按行为因素细分市场主要包括：

①购买时机。根据消费者提出需要、购买和使用产品的不同时机，将他们划分成不同的群体。如有些商品是时令商品（如电扇、空调、取暖器等），有些商品是节日礼品或婚嫁特殊品，消费者在购买时间上有一定的规律性。

②追求利益。依据消费者通过购买、消费产品期望得到的主要利益，进行市场细分。消费者购买某种产品总是为了解决某类问题，满足某种需要。然而，产品提供的利益往往并不是单一的，而是多方面的。消费者对这些利益的追求时有侧重，如对购买手表有的追求经济实惠、价格低廉，有的追求耐用可靠和使用维修的方便，还有的偏向于显示其社会地位。

③使用者状况。根据消费者是否使用和使用程度细分市场，通常可分为：经常购买者、首次购买者、潜在购买者、非购买者。大公司往往注重将潜在使用者变为实际使用者，较小的公司则注重于保持现有使用者，并设法吸引使用竞争对手产品的顾客转而使用本公司产品。

④使用数量。根据消费者使用某一产品的数量多少细分市场。通常可分为大量使用者、中度使用者和轻度使用者。大量使用者人数可能并不多，但他们的消费量在全部消费量中占很大的比重。

【案例】

美国一家公司调查发现，美国啤酒的 80% 是被 50% 的顾客消费掉的，另外一半顾客的消耗量只占消耗总量的 12%。因此，啤酒公司主要吸引重度饮用啤酒者，并把重度饮用啤酒者当作目标市场。该公司还进一步了解到，大量喝啤酒的人大多是工人，年龄在 25～50 岁，喜欢观看体育节目，每天看电视的时间不少于 3～5 小时。显然，根据这些信息，企业可以大大改进其在定价、广告传播等方面的策略。

⑤品牌忠诚程度。企业还可根据消费者对产品的忠诚程度细分市场。有些消费者经常变换品牌，另外一些消费者则在较长时期内专注于某一品牌或少数几个品牌。通过了解消

费者对品牌的忠诚情况，品牌忠诚者与品牌转换者的各种行为与心理特征，不仅可为企业细分市场提供基础，同时也有助于企业了解为什么有些消费者忠诚本企业产品，而另外一些消费者忠诚于竞争企业的产品，从而为企业选择目标市场提供启示。

⑥购买的准备阶段。消费者对各种产品的了解程度往往因人而异：有的消费者可能对某一产品确有需要，但并不知道该产品的存在；还有的消费者虽已知道产品的存在，但对产品的价值、稳定性等还存在疑虑；另外一些消费者则可能正在考虑购买。针对处于不同购买阶段的消费群体，企业可进行市场细分并采用不同的营销策略。

⑦态度。企业还可根据市场上消费者对产品的热心程度来细分市场。不同消费者对同一产品的态度可能有很大差异，如有的持肯定态度，有的持否定态度，还有的持既不肯定也不否定的无所谓态度。针对持不同态度的消费群体，在广告、促销等方面应当有所不同。

表 4－4　行为因素细分标准

标准	典型细分
购买时机	日常购买、特别购买、节日购买、不规则购买
追求利益	质量、廉价、时髦、安全、刺激、新奇、豪华、健康
使用者状况	从未使用者、曾经使用者、潜在使用者、首次使用者、经常使用者
使用数量	很少使用、中度使用、大量使用
忠诚程度	完全忠诚、适度忠诚、低度忠诚、无品牌忠诚
态度	热情、肯定、无所谓、否定、敌视等

2. 生产资料市场细分的标准

（1）用户的性质。

工业品一般可以用于多种行业，应首先了解企业的产品究竟是针对哪些行业生产的，例如电子计算机，几乎所有生产行业、商业部门、机关单位都会需要。不同的行业对产品要求明显不同，通过按用户的不同性质加以细分，可以使产品更加符合用户要求。

（2）用户的要求。

最终用户在生产资料市场上，依据产品的最终用户细分企业用户群，在于强调某个产品在某个行业的最终用途。不同的最终用户（或产品不同的最终用途）对同一种产品追求的利益不同。企业分析产品的最终用户，就可以针对不同用户的不同需求制定不同的营销策略。这是指产品最终用户的要求，是生产资料市场细分的基本标准，企业要了解哪些用户可能具有哪些不同的要求，因为不同的最终用户对产品的规格、功能、价格、型号等会有不同的要求。

【案例】

如尼龙，美国杜邦公司在第二次世界大战中的主要用户是军队，要求结实、颜色单调，而战后转入民用袜子与服装市场，要求轻薄透气、色彩鲜艳；随后又进入包装材料、轮胎、轴承材料市场。由于该公司紧随市场的用户要求，销量一直很好。

（3）用户的规模。

在生产资料市场中，大客户数量少，但每次购买量往往很大；而中小客户数量多，但每次购买量很小。用户规模不同，企业的营销组合方案也应该有所区别。营销中，借助顾客数据库，就可以对企业的用户按照采购数量实行分类管理，制定不同的营销策略。不同规模的用户对同一生产资料的购买量是不同的，在生产资料市场，有大量用户、中量用户和少量用户之分。企业应分设不同的系统分别处理大小不同的客户，在价格、销售渠道、提供服务甚至促销策略上对规模不同的用户分别采用不同的营销组合。例如，对于大量用户，由于他们购买的数额很大，户数却不多，企业可以派有经验的销售人员直接联系，直接供应；对于小型用户，由于户数较多，可以通过经销商组织供应。

（4）用户的地理位置。

按用户的地理位置细分市场，可以使企业根据自己的资源和技术设备以及运输条件等状况来选择有利的目标市场。因为即使是同一种产品，由于用户所处的国家、地区、气候、交通条件等的不同，对产品的性能要求也很不一致。如货运汽车，在热带、寒带、山区、平原、沙漠地区，性能的要求都要与该地区相适应。

【任务活动】

任务内容：请对服装市场进行细分。

任务步骤：第一步，学习者了解本模块的主要内容和要求；

第二步，学习者运用细分标准。分组讨论，并做出细分市场图。

三、市场细分的方法

（一）完全无细分

完全无细分即有意识地不根据消费者需求的不同加以细分。这样做的目的是强调市场中的共性，漠视个性，以减少生产、营运成本。在实际营销中，越来越多的产品必须按细分因素进行细分，但是，有少数的产品是不需要细分的，如电力、煤炭、自来水等。由于此类产品消费共性大，价格高低是老百姓最为关心的，为了减少成本，企业可以采取不加细分的方法。

（二）完全细分

完全细分又称为极端细分或超细分。即认为每一个购买者都有可能是一个单独的市场，完全可以按照这个市场所包括的购买者数目进行最大限度的细分，细分后的小市场也就是构成此市场的购买者数目。在实际营销中，当整个市场内只有少数几个购买者，而且这些购买者的需求都有很大的差异时，有少数产品确实具有按照这种方法细分的特性。比如，美国的波音和道格拉斯这两种飞机的主要骨架制造商，只面对一些大购买者，因此可以把每个购买者当作一个细分的小市场，满足他们各自不同的要求。但在绝大多数情况下，要把每一个购买者当作一个市场，并分别地生产仅符合这些单个购买者需要的各种产品，从经济效益上看是不可取的，而且实际上也是行不通的。因为市场细分本身会引起工商企业营销费用的增加。首先，在生产方面，生产的种类越多，每种产品的生产数量就不可能太多，从而得不到大规模生产的利益，生产成本必然会提高；其次，在销售费用开支上，范围过小的市场细分，其市场推销费用分担额也必然高。因此，大多数销售企业还是按照购买者对产品的要求或对市场营销手段的不同反应，将他们作概括性的分类。

1. 按一个因素细分

即对某些通用性比较大、挑选性不太强的产品，按一个对购买者需求影响最强的因素加以细分。

【案例】

影响儿童书籍市场的最主要因素是儿童的生理年龄，因此，首先可以按照儿童的年龄划分为：学龄前儿童书籍市场、学龄儿童书籍市场、少年书籍市场等。

2. 按两个以上因素细分

大多数产品的销售都受购买者多种因素的影响。如不同年龄范围的消费者，因生理或心理的原因对许多商品有不同的要求；同一年龄范围的消费者，因收入的不同，也会产生需求的差异；同一年龄范围和同一收入阶层的消费者，更会因性别、居住地区及其他许多情况的不同而呈现复杂的、互不相同的需求，因此，大多数产品都需按照两个或两个以上的因素细分。如大众服装店就是按年龄与性别的不同来划分市场的：男女性老年人市场、男女性青年人市场、男女性少年市场、男女性儿童市场等。当然，以多个需求特征组合作为市场细分的依据时，各销售企业还应根据不同的产品情况，适量控制一定的因素组合。因为，虽然企业细分市场运用的细分变量越多，所获得的精确程度越高，但是每个细分市场的消费者也会越少，企业的细分成本也就递增。所以，细分后的市场应该有效、精确、低成本。

3. 按系列因素细分

即以多层变量为依据，由宏观到微观、由粗到细、层层深入地进行系统划分。

【案例】

某大型制鞋厂的市场细分可以分为以下几步：第一步是宏观细分，按最终用户的要求把鞋市场分为国内城市市场、国内农村市场、国外市场等。考虑成本与价格，假设选定我国城市市场为目标市场。第二步就按产品在该市场的具体应用范围进一步细分为男性皮鞋、布鞋、胶鞋等；女性皮鞋、布鞋、胶鞋等。假设选定男性皮鞋市场为目标市场。第三步再按年龄划分为老年、中年、青年、少年市场，假设又选定中年市场为目标市场。第四步，按收入不同可分为高收入、中等收入、低收入等，该厂选定高收入人群为目标市场。第五步，该厂在我国城市高收入的中年男性市场的范围内进行微观细分，按消费者的不同需求，可分为重视质量、重视价格、重视售后服务以及重视名牌、重视外观等。该厂在权衡轻重以后决定选择为重视产品外观的城市高收入中年男性顾客服务。经过系列因素逐级细分，该厂的目标市场就十分具体了。

4. 产品—市场方形图法

企业还可以运用产品（消费者的不同需要）与市场（不同的消费者）这两个因素建立方形图来细分市场。方格横行代表各种不同的产品（以消费者的需要进行细分），方格的竖行代表不同的消费者（以不同的消费者进行划分），以皮鞋市场为例说明。假设城市皮鞋市场对产品有三种不同的需要：高档、中档、低档，同时有三种不同的消费者群：老年人、中年人、青年人，于是构成了九个细分市场。

不同的消费者			
	老年人 高档皮鞋	老年人 中档皮鞋	老年人 低档皮鞋
	中年人 高档皮鞋	中年人 中档皮鞋	中年人 低档皮鞋
	青年人 高档皮鞋	青年人 中档皮鞋	青年人 低档皮鞋

不同的产品

图 4－1　产品—市场方形图

【案例】

美国普洛克特—甘布尔公司生产 4 种不同品牌的洗衣液，7 种品牌的香皂，6 种品牌的洗头水，4 种品牌的洗洁精、牙膏以及地板清洁剂、卫生纸、咖啡，还生产 2 种品牌的纺织品柔顺剂、除臭剂、烹调油、免洗尿布。此外，还有许多品牌以不同尺寸和模式出售（如可以买到有香味或无香味、粉状或液体的汰渍清洁剂）。

思考：

为什么该公司在同一类产品上要推出几种品牌，而不把资源集中在一种主要品牌上呢？

分析：

本案例的分析应涉及以下几个方面的内容：分析由于消费者的特性不同、追求的利益不同，是如何影响企业市场细分的；在本例的市场细分中，如何考虑地理、心理、人口、利益等因素的影响。经过市场调查，公司发现消费者希望从购买的产品上得到不同的利益组合。以洗衣液为例，消费者希望产品洗净度高、价格便宜、漂白力强、气味清香、洗好的衣物柔软等，由于不同的消费者对于以上的要求各有侧重，有的重视清洁度与漂白力，有的看重气味清香，有儿童的家庭看重衣物柔软，因此，出现需求不同的购买群体。该公司从中找出了10种有关洗衣液的细分因素，开发出不同的品牌，来满足各细分市场的特殊需要。

通过细分市场，该公司对所有重要的细分市场都提供了吸引人的产品，其所有品牌合起来的市场占有率为50%以上，远远超过采用单一品牌时的情况。

【课堂思考与练习（一）】

1. 市场细分有哪些主要标准？
2. 按照人口的具体变量细分市场的方法就是（　　）细分。

A. 地理　　B. 行为　　C. 心理　　D. 人口

项目3　目标市场的选择

一、细分市场的评价

市场细分是选择目标市场的前提，选择目标市场是在细分市场的基础上进行的。任何企业都必须有自己的目标市场。

企业选择目标市场即选择适当的服务对象，只有按照市场细分的原则与方法正确地进行市场细分，企业才能从中选择适合本企业为之服务的目标市场。一个好的目标市场应当具备以下条件：第一，该目标市场有一定购买力，能取得一定的营业额和利润；第二，该目标市场有尚未满足的市场需求，有一定的市场发展潜力；第三，企业有能力满足该目标的需求；第四，企业有开拓该市场的能力，有一定的竞争优势。

（一）细分市场的销售额与增长率

首先把企业目前的各细分市场销售业绩列出，挑选出具备适当规模和增长特性的细分市场。

（二）细分市场的盈利可能性

影响企业盈利的可能性主要有几个方面：

最有吸引力的细分市场通常是进入难、退出易的市场。将要进入细分市场的新竞争者是企业的潜在对手，他们会增加生产能力并争夺市场份额，问题的关键是新的竞争者能否轻易地进入这个细分市场。对于某一容易进入的细分市场，进入的企业会有很多，从而就可能导致市场内的竞争。由于这种竞争可能来自市场中已有的同类企业，也可能来自即将进入市场的其他企业，因此企业应该评估眼前及潜在竞争者所带来的利益冲突。如果细分市场已经有了几个实力强大的竞争者，其盈利可能性必然减少。企业应该注意那些竞争者数量较少、竞争者实力较弱的细分市场，因此市场的盈利可能性较大。

企业要考虑自身的实力，即是否拥有在此细分市场成功所需的技术与财力、物力、管理能力等。值得注意的是，仅仅拥有资源条件是不够的，如果想要赢得市场就必须具有比竞争对手更为丰富的资源与技术。

企业还要考量这个细分市场是否有足够大的市场容量。如果某一产品市场的容量太小，竞争又非常激烈，企业进入后盈利的可能性减少，应该避免进入。因此，调查细分市场中顾客数量以及市场购买力水平是正确评价市场需求潜量不可忽视的两个因素。

（三）其他影响细分市场利润潜量的相关因素

市场是否存在具有竞争力的替代品也是经营者需要考虑的一种因素；资源供应者实力强大，在资源供应方面（如原料、劳动力等）有决定能力，企业在此细分市场的盈利可能性下降；顾客影响力大，对商品讨价还价能力强或对服务要求高，市场竞争者彼此竞相降价以取悦顾客，必然会降低企业利润，此市场的吸引力也会逐渐下降。

二、目标市场策略的种类

（一）目标市场范围选择

1. 产品—市场集中化

指企业从消费者（或从产品）的角度选择一个目标市场的顾客群，集中力量为之服务。见图 4 –2（a）。

2. 产品专业化

企业选择几个细分市场，对其顾客群同时供应某种产品。面对不同的子市场，产品的式样、档次有所不同。见图 4 –2（b）。

3. 市场专业化

企业所有产品供应给某一类顾客群，产品的性能有所区别。见图 4 –2（c）。

4. 选择性专业化

企业有选择性地专门服务于几个不同细分市场的顾客群体，提供各种性能的、生命力较强的同类产品，尽力满足不同的消费者群体的各种需要。见图 4 –2（d）。

5. 全方位进入

企业决定全面进入各细分市场，用各种产品满足各种顾客群体的需求。见图 4 –2（e）。

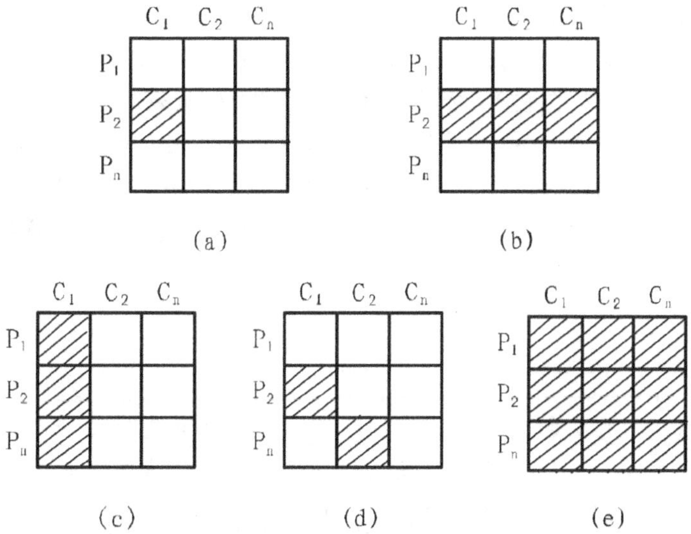

图 4－2　目标市场范围选择

【案例】

爱克生公司盲目发展业务的教训

美国的爱克生公司是开发办公室自动化产品的大公司，它曾订立十年规划，要在这段时间内掌握有关办公室自动化的所有业务，并赶上或超过 IBM 和 XEROX 公司。为此，爱克生公司开始发展业务，不断地收购相关领域的企业，先后买下了旦百利系统公司、德正通讯公司、英德通讯公司、凯来克斯公司、视觉资讯系统公司、QYX 公司、雷姆技术公司、QWIP 公司、卓尼克斯公司和奇洛公司等。有了这些公司，爱克生公司的确是在办公室自动化领域中应有尽有了，几乎可以开发所有的产品。但是意想不到的情况也随之出现，那些本来独立的企业合并后产品无法兼容，因为它不像 IBM 公司和 XEROX 公司那样，设计生产有统一的标准，产品都有极高的兼容性。而爱克生公司要解决各产品的兼容性问题，必须花一大笔钱，否则，顾客是不会买它的产品的，由于这一难题，加上公司的技术力量远远比不上那两个大公司，没有几年，爱克生公司就亏损了 1.5 亿美元，公司陷入长期的困境之中。

思考：

美国的爱克生公司的目标市场选择模式是哪一种？

分析：

全方位进入。

（二）目标市场策略

企业选择的涵盖目标市场的方式不同，在目标市场上采取的营销策略也不同。一般来说，有四种不同的目标市场营销策略可供企业选择，即无差异目标市场营销策略、差异性目标市场营销策略、集中性目标市场营销策略和一对一目标市场营销策略。

1. 无差异目标市场营销策略

无差异目标市场营销策略，是指企业将整个市场作为自己的目标市场（不考虑各子市场的特征，只注重子市场的共性），不考虑其差异，面对所有的细分市场只推出一种产品并只实施一套营销组合策略，通过无差异的大规模营销，以吸引更多的消费者。也就是说，无差异目标市场营销策略即无差别（同一性）市场营销策略，指的是企业推出一种产品，采用一种市场营销组合，试图在整个市场上满足尽可能多的消费者需要，集中力量为之服务的策略。

【案例】

美国可口可乐公司从1886年创办以来，一直采用无差异目标市场策略，生产一种口味、一种配方、一种包装的产品满足世界156个国家或地区的需要，可口可乐被称作“世界性的清凉饮料”，公司资产达74亿美元。由于百事可乐等饮料的竞争，1985年4月，可口可乐公司宣布要改变配方的决定，不料在美国市场掀起轩然大波，许多电话打到公司，对可口可乐公司改变配方的决定表示不满和反对，于是可口可乐公司不得不继续大批量生产传统配方的可口可乐。

可见，采用无差异目标市场营销策略，产品在内在质量和外在形体上必须要有独特风格，才能得到多数消费者的认可，从而保持相对的稳定性。这种策略的优点是产品单一，容易保证质量，能大批量生产，降低生产和销售成本。但如果同类企业也采用这种策略时，必然要形成激烈竞争。

【案例】

闻名世界的肯德基炸鸡，在全世界有800多个分公司，都是同样的烹任方法、同样的制作程序、同样的质量指标、同样的服务水平，采取无差异目标市场营销策略，销售很红火。1992年，肯德基在上海开业不久，上海荣华鸡快餐店开业，且把分店开到肯德基对面，形成“斗鸡”场面。荣华鸡快餐把原来西方人用面包作主食改为用蛋炒饭作主食，西式沙拉土豆改成酸辣菜、西葫芦条，更取悦于中国消费者，抢得了不少市场份额。所以，面对竞争强手时，无差异目标市场营销策略也有其局限性。

采用这一策略的企业，主要着眼于顾客需求的同质性，对其异质性则忽略不计，认为市场上所有顾客对其产品都有共同的需求与爱好，因而企业对市场不再细分，也不按照市场的差异来设计产品。无差异目标市场营销策略使企业能深刻了解该细分市场的需求特点，能采用针对性的产品、价格、渠道和促销策略，从而获得强有力的市场地位和良好的声誉，这也有利于中间商的经营管理。

以下几种情况可以采用无差异目标市场营销策略：消费者的挑选性不大，需求弹性较小的基本生活资料和主要工业原料，如棉花、粮食、油料、煤炭、工业用糖等；经营的企业不多，竞争性不强的产品，如石油等。

无差异目标市场营销策略的优点是：由于面对整个目标市场只实施一套营销组合策略，因此，所经营产品的品种少而批量大，能够节省大量的营销成本，实现规模经济效益，从而大大提高利润率。

采用这种策略的缺点是：忽略了消费者的需求差异，容易被其他企业模仿，从而引起激烈的竞争，使公司可获利机会减少。

2. 差异性目标市场营销策略

差异性目标市场营销策略即选择性目标市场营销策略（或非同一性目标市场策略），是指企业对市场进行细分，推出多种产品，针对各个不同的细分市场，运用不同的市场营销组合，满足多个目标市场消费者的需要的策略。

【案例】

美国有的服装企业，按生活方式把妇女分成三种类型：时髦型、男子气型、朴素型。时髦型妇女喜欢把自己打扮得华贵艳丽，引人注目；男子气型妇女喜欢打扮得超凡脱俗，卓尔不群；朴素型妇女购买服装讲求经济实惠，价格适中。公司根据不同类型妇女的不同偏好，有针对性地设计出不同风格的服装，使产品对各类消费者更具有吸引力。

可见，差异性目标市场营销策略是指企业在市场细分的基础上，选择两个或两个以上的细分市场作为目标市场，针对不同细分市场上的消费者需求，分别设计和实施不同的营销组合策略。

采用这一策略的企业，主要着眼于消费者群需求的异质性，试图把原有的市场按消费者的一定特性进行细分，然后针对各个子市场的不同需求与爱好，生产出各种与其相适应的产品和采用与其相适应的营销组合分别加以满足。由于它符合商品生产不断发展和多渠道销售的要求，因此有较强的竞争力；由于它用多种产品、多种策略去占领多个目标市场的消费者，目标市场越多，消费者的需求量大，销量也就越大。但是，企业生产的产品多，就会增加生产设备、工人、研究费用等，生产成本会相应增加。同时，经营的产品多，企业的分销费用、广告费用、储存费用、推销费用等均会大幅度增加，销售成本也会相应增加，产品的总成本自然高，而消费者是否可以接受，是企业应慎重考虑的问题。这种营销策略，对于那些小批量、多品种生产性企业有较大的适应性。

以下几种情况适宜采用差异性目标市场营销策略：

①消费者需求弹性较大的商品。这是消费者享受和发展需要的产品，如高档家具、高档家电、名牌服装等。

②处在成长期和成熟期的产品。由于市场竞争激烈，应用此策略可以取得市场竞争的优势。

③规格等级复杂的产品。由于产品的规格及级别的需求存在较大的差异性，采用差异

性目标市场营销策略可以满足不同消费者的需求，有利于增加销售量。

【案例】

近些年来，可口可乐公司也转向采用这一策略，根据消费者的不同需求与爱好，生产出不同型号、不同包装、不同口味的饮料产品。

这种策略的优点：考虑到消费者需求的差异性，有利于满足不同消费者的需求，有利于公司开拓市场，扩大销售，提高市场占有率和经济效益，有利于提高企业的市场应变能力。

这种策略的缺点：差异性目标市场营销策略在创造较高销售额的同时，也增加了营销成本，使产品价格升高，从而失去竞争优势。因此，公司在采用此策略时，要权衡利弊，即分析比较销售额增加所带来的利益与由此增加的营销成本之间的关系，进行科学决策。

3. 集中性目标市场营销策略

集中性目标市场营销策略也称密集性目标市场营销策略，是指企业集中力量进入某一细分市场中，针对该细分市场设计一套营销组合策略，实行专业化生产和经营，以获取较高的市场占有率的一种营销战略。

集中性目标市场营销策略与前面两种营销策略的区别是，集中性目标市场营销策略是以整体市场中的某个市场或部分市场为目标市场，目的是求得在小市场上占有较大的份额，而无差异和差异性目标市场营销策略追求的是整体市场。因此，实施集中性目标市场营销策略的企业，生产经营的产品必须是特定消费者群体所需要的，企业的目标市场必须最能发挥企业的优势。

采用这种策略的好处是可以照顾个别市场的特殊性，使企业经营的产品在个别市场占有优势地位，提高企业的市场占有率和知名度；可以准确了解顾客的不同需要，生产专业化程度高；由于采用针对性强的营销组合，节约了成本和营销费用。因此，对于生产周期短、数量波动大的产品，以及资金薄弱、资源有限、规模较小、活动范围不大但应变能力强的中小企业，采用此策略较好。

【案例】

日本尼西奇在20世纪40年代是一个生产雨衣、尿布、游泳帽、卫生带等多种橡胶制品的小厂，由于经济不稳，订货不足，面临破产。一个偶然的机会，董事长多川博从日本一份人口普查表中发现，日本每年约出生250万个婴儿，如果每个婴儿用2条尿布，一年需要500万条。于是，他们决定放弃尿布以外的产品，实行尿布专业化生产。

思考：

日本尼西奇运用的是什么营销策略？

分析：

日本尼西奇运用的是集中性目标市场营销策略。在当时的日本，生产尿布是大企业不屑干、小企业不愿干的买卖，商品不在大小，只要市场有需要，小商品同样能成为大宗货。一炮打响后，尼西奇又不断研制新材料、开发新品种，不仅垄断了日本尿布市场，还远销世界70多个国家和地区，成为世界上最大的尿布生产厂商。在日本，尼西奇尿布与丰田汽车、东芝彩电、夏普音响一样有名，成为闻名于世的“尿布大王”。

但采用集中性目标市场营销策略也有较大的经营风险，因为它的目标市场范围小，品种单一。如果目标市场的消费者需求和爱好发生变化，企业就可能因应变不及时而陷入困境。同时，当强有力的竞争者打入目标市场时，企业就要受到严重影响。因此，许多中小企业为了分散风险，仍应选择一定数量的细分市场作为自己的目标市场。

4. 一对一目标市场营销策略

一对一目标市场营销策略也称为个性化目标市场营销策略，是指企业将每一个消费者都看作一个单独的目标市场，根据每一个个性消费者的特定需求安排一套个性化的营销组合策略，以吸引更多的消费者。

【案例】

携程旅行网定位于商务旅行、自助度假旅行，主要面对散客，服务手段是网络和电话。

实施这种一对一目标市场营销策略的前提是：

第一，每个消费者需求有着较大的差异，而且他们有着强烈的满足其个性化需求的要求。

第二，具有同种个性化需求的消费者拥有足够大的规模。

第三，企业具备开展一对一目标市场营销的条件。

第四，一对一目标市场营销对交换双方而言都符合经济效益的要求。

三、影响目标市场选择的因素

选择目标市场应考虑的因素主要包括：宏观环境因素，如人口、收入水平与支出结构、营销的基本环境及其发展趋势（基础设施、技术水平、支付手段、法律法规、市场前景等）；微观环境因素，如企业的内部条件、产品的同质性、产品市场寿命周期、建立营销渠道的难易程度、竞争者的目标市场营销策略、市场的同质性等。

小思考

邮递部门可以完成鲜花、牛奶或其他日用品的多种特色配送吗?

（一）企业的目标和实力

企业是我国国民经济的基本单位，因此企业在选择目标市场前，首先考虑国家所规定的任务与要求，其次是要实事求是地研究企业的实力，主要包括企业的人力、物力、财力以及生产、技术、营销力量。如果企业资源和营销实力强大，可采用无差异或差异性目标市场营销策略，我国许多大型企业基本上采用无差异和差异性目标市场营销策略。如果企业资源和营销能力有限，无力把整体市场作为自己的营销目标，则宜采取集中性目标市场营销策略。

（二）产品的特征

产品的特征不同，应分别采用不同的市场策略，选择不同的目标市场。

小贴士

营销米面、煤、盐、食油、白糖等日常生活消费品，虽然由于原材料和加工不同，使产品质量上存在不同，但这种差别不十分明显，消费者一般都很熟悉，不需要特殊的宣传介绍，只要价格相当，消费者一般没有特别的选择和要求，因此，可采用无差异目标市场营销策略。

但对家用电器、照相机、家具等耐用高档商品，因品质差异较大，消费者选购时十分注意商品的特性、功能、价格等，常常要反复评价、比较，然后选择，对售后服务要求很高，这类产品则宜采用差异性目标市场营销策略或集中性目标市场营销策略。

（三）市场的类似程度

不同的市场具有不同的特点，各类市场消费者的文化、职业、兴趣爱好、购买动机、购买行为等都有较大差异。消费市场上顾客对某些产品的需求欲望、兴趣爱好等大致相同，即市场类似程度大，可采用无差异目标市场营销策略。反之，市场需求差别大，消费者挑选性又强，则宜采用差异性或集中性目标市场营销策略。所以，在选择目标市场前，必须认真做好市场调研工作，否则很难作出正确的决策。

（四）商品所处生命周期阶段

商品生命周期阶段有投入期、成长期、成熟期、衰退期等，商品处于不同的生命周期阶段，企业应分别采取不同的市场策略。一般来说，对于处在投入期和成长期的商品，可采取无差异目标市场营销策略，以探测市场的现实需求和潜在需求，以便及时采取有效措施，不断开拓市场，扩大推销。对已进入成熟期的产品，无差异目标市场营销策略就完全失效，则应采取差异性目标市场营销策略，以开拓新市场。对进入衰退期的商品，应采用集中性目标市场营销策略，以维持和延长商品的生命周期，避免或减少企业的损失。

（五）市场竞争状况

企业采用哪种市场营销策略，除必须研究上述因素外，还要看市场竞争情况，尤其是主要竞争对手所采取的策略。一般来说，如果竞争对手实力强大，并实行无差异目标市场营销策略时，无论企业本身实力大于或是小于对手，采用差异性目标市场营销策略或集中性目标市场营销策略，都是有利可图、有优势可占的，能取得良好的营销效果。如果竞争对手采用了差异性目标市场营销策略，而本企业采用无差异市场策略，就无法有效地投入竞争，很难占有一个有利的地位。因此，必须以集中性目标市场营销策略应付。对于产品来说，如果市场上同类商品竞争激烈，消费者的选择性日益加强，要求又高，而企业商品竞争力不足，设备较差，就必须采用差异性目标市场营销策略。反之，如果市场上同类商品竞争不激烈，而企业商品及市场营销手段又居于优势，则宜采取无差异目标市场营销策略。

四、目标市场选择的评估

（一）目标市场选择的程序

首先，按照企业所能提供产品的主要属性及可能使用该产品的主要购买者两个变数，在市场网络中划分出可能的全部细分市场。

其次，收集、整理和分析各细分市场的有关信息资料，包括对企业具有吸引力的各种经济效益、技术进步及社会效益等资料。

再次，根据各种吸引力因素的最佳组合，确定最有吸引力的细分市场。

最后，考虑企业的营销能力、资源状况以及营销目标，选定最适当的目标市场。

（二）目标市场选择的评估

一个细分市场能否作为企业的目标市场，一般应对细分市场进行充分的评估，主要评估是否满足以下条件：目标市场有足够的需求规模与增长潜力，能实现一定的销售额和目标利润；目标市场有较大的长期获利率和发展前景，有利于逐步缩小战略目标差距；企业有足够资源和能力满足该目标市场的需求；对于该目标市场，与竞争对手相比，企业有明显的现实或潜在竞争优势；选择该目标市场，有利于实现企业的战略目标。总之，选择目标市场的基本原则，是使企业有限的资源能够最经济地运用于具有最大潜在利益的市场上。

【案例】

日本的丰田汽车曾在目标市场的选择上经历过痛苦的过程，进入美国市场的当年，连美国的国家质量测试都没有通过；随后丰田汽车经过重大的质量改进，重新进入美国市场，虽然在产品质量上已无可挑剔，甚至超过了美国许多公司的产品质量，但当年丰田推向美国市场的“丰田宝贝”仅售出228辆。

分析：

市场细分发现，一般车型的市场已被美国的三大汽车公司垄断，其垄断地位难以正面撼动，且普通轿车的市场需求已经饱和，要想争取足够的新购买者是极其困难的，但是小型车市场由于是美国的三大汽车公司不屑一顾的细分市场，存在明显的市场空白。当时只有德国大众汽车公司在这一细分市场上经营，而且经营得非常顺利。丰田公司分析认为，小型车市场潜在需求量巨大，丰田完全有实力同德国大众竞争。于是，丰田破釜沉舟，把使用轻便、耐用、省油的小型车市场作为自己的目标市场，重新设计产品，使产品更适合美国人的身材，并作了汽车销售史上前所未有、轰动一时的广告宣传，终于打开了美国市场。从此丰田得以跻身于全球汽车市场，最终成长为世界上最大的汽车生产企业之一，实现了“有路必有丰田车”的夙愿。

【课堂思考与练习（二）】

单项选择题

1. 企业只推出单一产品，运用单一的市场营销组合，力求在一定程度上适合可能多的顾客的需求，这种战略是（　　）。

A. 无差异目标市场营销策略　　B. 集中性目标市场营销策略

C. 差异性目标市场营销策略　　D. 一对一目标市场营销策略

2. 处于（　　）的产品，可采用无差异性目标市场营销策略。

A. 成长期　　B. 衰退期　　C. 导入期　　D. 成熟期

3. STP营销策略中的T是指（　　）。

A. 市场调查　　B. 市场细分

C. 目标市场的选择　　D. 市场定位

4. 处于成长期和成熟期的产品适合采用（　　）。

A. 无差异目标市场营销策略　　B. 集中性目标市场营销策略

C. 差异性目标市场营销策略　　D. 一对一目标市场营销策略

项目 4 市场定位

一、市场定位的概念

所谓市场定位，就是根据竞争者产品在市场所处的位置，针对消费者或用户对该产品某种特征或属性的重视程度，强有力地塑造出本企业产品与众不同的、给人印象鲜明的个性或形象，并把这种形象生动地传递给顾客，从而使该产品在市场上确定适当的位置。

小思考

一家生产“曲奇饼干”的厂家最初将其产品定位为家庭休闲食品，后来发现不少顾客购买是为了馈赠，又将之定位为礼品。

市场定位是在 20 世纪 70 年代由美国营销学家艾·里斯和杰·克特劳特提出的，市场定位的实质是使本企业与其他企业严格区分开来，使顾客明显感觉和认识到这种差别，从而在顾客心目中占有特殊的位置。市场定位也就是确定产品与企业在目标消费者中的地位。这是根据所选的目标市场上的竞争者现有产品所处的位置和企业的自身条件，为产品与企业创造一定的特色，使之在消费者心目中占据突出的地位，从而确定企业整体形象。

企业的任务就是要创造产品的特色，使之在消费者心目中占据突出的地位。

【案例】

青岛海尔集团在竞争中全面出击，以优质产品、优质服务、信誉第一、热心公益、实力雄厚的大企业形象制定企业的营销策略，他们的努力最终得到消费者的认可，成为人们心目中值得信赖的著名企业。

由此可见，市场定位取决于消费者的心理状态。随着信息时代的到来，消费者面对大量的产品与服务信息感到难以取舍，因此人们在选择购买时，往往对产品、企业知名度、服务承诺加以考虑。对此，企业在实施定位策略时，要确认在选定的目标市场上可以带来最大竞争优势的定位。

二、市场定位的前提

在市场上赢得消费者的途径是企业能够提供最优质的服务和提供更多的产品价值。因此，企业必须向选定的目标市场提供物美价廉的产品或高质高价但物有所值的产品，这就是“竞争优势”。要想取得竞争优势，首先就要使企业的营销方式区别于竞争者。但不是所有的企业都能够做到使自己的营销方式差异化而得到市场竞争优势，即使暂时的差异化使得企业具有竞争优势，也会很快淹没在尾随的竞争者之中。因此，最好的办法是企业不断挖掘自己的新优势，提供多种异于竞争者的价值，在市场上始终保持新鲜活力来吸引消费者，以期逐步赢得市场占有率，得到消费者的认可。

【案例】

安利公司的洗洁精系列产品可以使碗筷更干净，而且不伤手，明显有别于市场上大多数洗洁精产品。

根据西方市场理论，企业差异化营销方案可以根据以下几个方面进行。

（一）产品差异

产品差异可以从产品特色、性能差异、外形设计、质量可靠性等方面体现。即使是标准化的产品，同样可以进行差异化以与竞争者相区别，如灯泡、轮胎、电池等。而大多数企业提供的是高度差异化的产品，如汽车、家具、各种类型的家居用品、食品饮料等。

【案例】

饮料“七喜”打出的招牌是“非可乐”，以不含咖啡因区别于“可乐”而拥有一批爱好者。

总之，企业可以在产品差异化上确定产品质量是否比竞争者更高，产品是否更能满足顾客的审美要求，产品是否使用更方便、更舒适，价格是否像产品本身一样吸引顾客。

（二）个性化差异

这是指企业必须建立与竞争者有明显差异的品牌形象，赋予品牌独有的个性，以迎合消费者的个性。消费者在挑选产品时，一方面考虑的是商品的实际效用，另一方面不由自主地评估不同品牌表现的独特个性。当两者相吻合时，就会选择该商品以表现自己的个性。从世界著名品牌来看，个个都具有鲜明的产品个性。人们一提起万宝路香烟，马上可以联想到西部牛仔自由奔放、豪爽硬朗的形象。劳斯莱斯则被评论家们公认为在世界上任何一个地方，永远只有一个形容词，那就是“最好的”。由此可见，个性化差异要求商品与众不同，与商品本身其实并没有关联，而是企业家明智的赋予。要使自己的品牌形象深入人心，必须做到广告与实际行动长期结合。优秀的广告可以有效传递企业或品牌的特性，如海尔集团承诺的“五星级服务”的广告突出了企业的形象，而长期的实际行动必须由企业的一言一行来完成。正因为如此，海尔集团在为消费者服务方面作出了巨大努力，完成了广告与实际行动的完美配合。

【案例】

全球头号零售品牌沃尔玛（Wal－Mart）最初的定位就是平价，明显异于其最大的竞争对手西尔斯而赢得了消费者。

（三）服务差异

在获得竞争优势的方法中，服务差异是不可忽略的重要一环，因为在产品差异与品牌差异难以让消费者取舍时，消费者往往根据预期受到的服务作为选购的标准。通过对某国最杰出的43家公司调查后发现，不论这些公司是机械制造企业还是高科技企业，或是食品企业，它们一个共同的特点就是以服务业自居。中国企业可以由此借鉴，服务差异是企业赢得消费者、赢得市场的关键。服务差别化包括许多行之有效的方法：第一，送货与安装、维修服务。企业以快速、准确、谨慎的送货以及高品质的安装、调试、维修得到竞争优势。如中国的海尔公司承诺，顾客买空调后保证24小时内送货、安装、调试，当顾客打电话要求维修时，保证当天上门，并事后跟踪，直到顾客满意为止。国产品牌的家电产品近几年之所以能在家电市场上占很高的份额，主要原因是可以为消费者提供及时、优良的售后服务。而曾经占上风的某些日本家电品牌，由于轻视中国消费者的觉悟，没有提供可靠的服务，正在为消费者所抛弃。正如奔驰公司所奉行的企业宗旨：售前的承诺与奉承，不如售后无处不有的完善服务。第二，咨询与培训、特色服务。对于一些新技术产品，咨询与培训服务的优劣是使消费者选择产品的重要因素。如电脑业，买电脑连同培训上机操作；化妆品业，买化妆品连同传授美容知识；一些商家、酒楼邀请营养、烹饪专家定期现场接受咨询。这些都是提供差异化服务的例子。

【案例】

新加坡的司丹福宾馆以“世界上最高的宾馆”为广告，实际上，这种差异对消费者而言并不重要，反而突出不了其他特色。

三、市场定位的步骤

市场定位是企业及产品确定在目标市场上所处的位置。通过营销活动的策划与开展，为企业产品创造一种明显区别于竞争者的特色性差异，并把这种差异形象生动地展示给顾客，使企业产品在顾客心目中形成一种独特、深刻、鲜明的印象。从而形成市场上企业独一无二、不可替代的竞争优势。

【案例】

中国中航集团在20世纪80年代就成功地把新开发的产品“飞亚达”手表定位在名贵高档手表行列，异于当时大多数中低档国产手表，由此大获成功。

市场定位的一般步骤主要包括以下几个方面：

（一）分析目标市场的现状，调查研究影响市场定位的因素

分析研究的主要现状及因素包括：谁是企业的主要竞争者，各竞争对手的市场定位状况，目标顾客对产品或服务的评价因素，目标市场潜在的竞争优势是什么等。

这一步骤的重要任务是要回答以下三个问题：一是竞争对手产品定位如何？二是目标市场上顾客欲望满足程度如何以及确实还需要什么？三是针对竞争者的市场定位和潜在顾客真正需要的利益要求，企业应该及能够做什么？要回答这三个问题，企业市场营销人员必须通过一切调研手段，系统地设计、搜索、分析并报告有关上述问题的资料和研究结果。通过分析研究上述三个问题，企业就可以从中把握和确定自己的潜在竞争优势在哪里。

（二）准确选择竞争优势

竞争优势表明企业能够胜过竞争对手的能力。这种能力既可以是现有的，也可以是潜在的。选择竞争优势实际上就是一个企业与竞争者各方面实力相比较的过程。比较的指标应是一个完整的体系，只有这样，才能准确地选择相对竞争优势。通常的方法是分析、比较企业与竞争者在经营管理、技术开发、采购、生产、市场营销、财务和产品等方面究竟哪些是强项，哪些是弱项。借此选出最适合本企业的优势项目，以初步确定企业在目标市场上所处的位置。

【案例】

广州本田雅阁轿车，其质量水平在日本本田所有海外公司中占第一位，由于其质量过硬，在市场上极为畅销。

营销企业可以通过找到自身与竞争对手间的差异来获取竞争优势，但此时往往可以列出多种竞争优势，企业需要从若干个潜在的竞争优势中选择其中几个“合适”的竞争优势，建立起市场定位战略。选择竞争优势时的“合适”，主要是指该优势最能使企业在目标市场中发挥出全部能量，获得最大的利益和发展空间。

对于同一企业来说，最适合的竞争优势也会随着企业的发展而不断变化，企业应该及时把握现阶段的竞争优势，调整市场定位。

【案例】

阿里巴巴的市场定位是为中国中小型企业提供贸易服务，这里的贸易服务包括国内贸易和国际贸易，其中定位重点放在国际贸易。

这与阿里巴巴早期的市场定位有区别，发展初期阿里巴巴将定位重点放在国内贸易，因为那个时期阿里巴巴的最大竞争优势体现在所能向客户提供的服务和贸易理念上，商务资源对于阿里巴巴来说当时还比较缺乏。经过了一段时期的累积发展，如今的阿里巴巴已经融汇了大量的商家，其中以中小型企业居多，这成为阿里巴巴现今的最大优势。分析国内国际贸易需求，发现国内的中小型企业希望加入国际贸易的洪流，而国外企业希望能了解和接触到更多的中国企业，因此，阿里巴巴利用手中巨大的商务资源接轨国际市场，形成了新的极具竞争力的市场定位。

（三）准确地传播企业的市场定位观念

选择好市场定位后，必须采取适当的切实步骤，把理想的市场定位传达给目标消费者，企业所有的市场营销策略都必须支持这一市场定位战略。对于网络营销企业，可以采用传统和网络相结合的方式传递市场定位，以保证其市场定位深入人心。

【案例】

知名饮品“王老吉”，其市场定位为具备清火功能的功能性饮料，摒弃了不被大多数国人接受的“凉茶”概念，以一句“怕上火，喝王老吉”的广告词作为宣传口号，通过电视广告、广播、杂志、网络广告等媒体宣传，使此市场定位深入人心。在国人渐渐接受并喜欢上此类产品后，其后的同类竞争产品便开始以“凉茶”的概念进入市场，将“老字号”、传统、正宗等作为诉求重点进行宣传，也取得了较好的效果。因此我们看到，同类产品在进行市场定位时，不一定只有一种定位标准，应按照当时的市场情况进行最准确恰当的定位。

这一步骤的主要任务是企业要通过一系列的宣传促销活动，将其独特的竞争优势准确传播给潜在顾客，并在顾客心目中留下深刻印象。为此，企业首先应使目标顾客了解、知道、熟悉、认同、喜欢和偏爱本企业的市场定位，在顾客心目中建立与该市场定位相一致的形象。其次，企业应通过各种努力强化形象，包括保持目标顾客的了解，稳定目标顾客的态度和加深目标顾客的感情，来巩固与市场相一致的形象。最后，企业应注意目标顾客对其市场定位理解出现的偏差或由于企业市场定位宣传上的失误而造成的目标顾客模糊、混乱和误会，及时纠正与市场定位不一致的形象。

企业在作出定位决策时，必须大力开展广告宣传，把企业的市场定位观念准确地传播给目标市场用户，从而在目标市场用户心目中形成独特的、印象鲜明的形象。

小思考

一提到去头屑，人们马上想到海飞丝；一提到可乐，人们马上想到可口可乐；一提到搜索引擎，人们马上想到百度；一提到网上购物，人们马上想到淘宝；一提到电子邮件，人们马上想到163等，这些都是企业市场定位成功、宣传到位的例证。

四、市场定位的方法

1. 选择竞争优势

企业通过与竞争者在产品、促销、成本、服务等方面的对比分析，了解自己产品的长处和短处，从而认定自己的竞争优势；通过了解竞争产品特色，确认本企业可以提供的产品、服务、个性化差异以及消费者对产品各种属性的重视程度，系统地分析并报告本企业的竞争优势所在，以便进行恰当的市场定位。

2. 初步确定定位方案

根据市场状况，企业应如何定位？我们可以根据市场定位图直观了解市场状况。把本企业放到定位图可能选择的不同位置，每一种位置意味着一种定位方案。分析、评价各种可能的方案后，选出理想的方案作为初步的定位。不同企业的同种商品有多种差异，如价格的高低、质量的优劣、规格的大小、功能的多少等。其中任何两个不同的差异就能组成一个坐标，从而构建起一个目标市场的定位图。

3. 修正定位方案

初步定位完成后，为了确保销售顺利，应在定位市场上再次进行调查和试销活动，如果发现偏差应立即纠正。此步骤的主要任务是，确保企业的市场定位得到消费者的认可。

4. 再定位

如果初步定位正确，在上市销售的同时，要注意市场环境的动态变化，随时准备对产品进行再定位，即重新定位。它是企业变动产品特色使消费者对企业产品重新认识的过程，可以视为企业的战略转移。

【案例】

美国西尔斯公司是世界上数一数二的零售公司，自1886年创办以来一直生意兴隆、财源茂盛。西尔斯成功的原因主要在于善于寻找良机和及时调整定位策略，使其经营管理与不断变化的环境相适应。创办之初，他们把自己定位为“农场主的购买商”，因为当时一家一户的农场主处于分散孤立状况，不能随时进城去选购商品，西尔斯便选择了这一部分人作为自己的目标顾客，开展邮购业务。到第一次世界大战结束，西尔斯已发展成全国性的大邮购商。1921年后，美国形势有了变化，公路四通八达，农场主拥有了自己的汽车，进城购物相当方便，同时，大量农村人口流向城市。为了适应这一变化，西尔斯不再定位自己为农场主的购买商，而是在城市中心设立零售店铺，把自己定位在社区市民的购买商上，为城市消费者服务。“二战”之后，美国城市人口向郊区迁移，城市中心出现消费者空心化。为适应这一变化，西尔斯率先在郊区开设大型商场，并设有宽敞的停车场，把自己定位为区域购物中心，为城乡消费者服务。20 世纪 90 年代以来，随着零售业竞争加剧，市场细分化程度也加深了。为了形成自己的特色，西尔斯明确地将自己定位在美国中年母亲上，公司形式宣传更注重“柔和的一面”，店铺陈列也配合这一形象宣传，到处摆放着与美国中年母亲相关的商品。西尔斯公司正是这样不断调整自己的定位策略，一百多年来始终处于零售王国的领导地位。

思考：

企业在进行市场定位时为什么应根据自身情况和实力来确定正确的定位策略?

分析：

本案例的分析将涉及以下内容：企业应如何根据市场环境的变化，重新定位自己，调整企业的营销策略，以适应不断交化的市场需求；企业应该如何选择自己的目标市场，如何对细分市场的需求潜量、盈利能力、竞争状况等方面进行评价。社会环境的不断变化，使企业必须随之作出动态调整。这就要求企业在变化的环境中，抛弃过去那种以不变应万变的静态定位思想，对周围环境保持高度警觉，随时调整企业的市场定位。

5. 准确地传播企业的定位观念

企业在作出市场定位决策后，还必须大力开展广告宣传，把企业的定位观念准确地传播给潜在购买者，要避免因宣传不当在公众心目中造成以下几种误解：

（1）定位不足。指企业并没有得到市场的认可，消费者对企业的宣传印象模糊或是不觉得有何特殊优势所在，不能突出产品品牌的差异性，没有在顾客心目中树立明确的形象。

（2）定位混乱。指企业无法建立有利而且固定的市场定位，品牌特征太多，或者品牌的定位改变太过频繁，导致消费者产生混乱不清的印象。

【案例】

娃哈哈本来定位于儿童市场，但是如果不恰当地进入中老年市场，广告由定位于儿童的“喝了娃哈哈，吃饭就是香”变为“大人、老人、小孩都能喝”，反而给消费者造成无所适从的感觉。

（3）定位狭窄。企业没有认清消费者的心理偏好，产品本来可以适应更多的消费者，但企业仅仅着重宣传的产品只适宜于其中一小部分人，将企业产品的定位狭窄化，大多数消费者的需要得不到真正的满足。

【案例】

某服装公司定位于生产一流的、昂贵的贵妇人服装，这样的定位就限制了企业只能生产昂贵的女性服装，企业的市场范围明显狭窄，失去了一些本可以成为该品牌惠顾者的顾客。

(4) 定位过度。有些企业为了使消费者建立对自己品牌的偏好，使用过分的宣传以及为消费者提供了过度的许诺。如某种滋补口服液，厂家宣传可以补血、强身、医治感冒、美容护肤、治疗神经衰弱等，反而使购买者难以相信。

五、企业产品市场定位策略

市场定位策略是一种竞争策略，体现着同类产品企业之间的一种竞争关系。竞争企业的态势反映其市场定位的方式，定位的方式不同，营销的策略不同，竞争态势也不同，通常有以下四种定位方式及策略选择：

（一）针锋相对式定位

针锋相对式定位主要采取“迎头定位”策略。企业根据自身的实力，为占据较佳的市场位置，不惜与市场上占支配地位的、实力最强或较强的竞争对手发生正面竞争，努力使自己的产品进入与对手相同的市场位置。企业要从市场上最强的竞争对手手中抢夺市场份额，打乱原有的竞争定位，改变消费者原有的认识，挤占对手原有的位置，自己取而代之，这是一种竞争性最强的目标市场定位方式。企业这样定位的目的是准备扩大自己的市场份额，决心并且有能力击败竞争者。因此，选用这一方式的企业必须是实力比竞争者雄厚，或者是企业所选择的目标市场区域已经被竞争者占领，而且不存在与之并存的可能，在比较有把握赢得市场的情况下采用的定位方法。

【案例】

“泰来乐”止痛药在广告中列举出“阿司匹林”会引起的不良反应，击败了曾排列第一的“阿司匹林”，占据了止痛药销售的首位。

其主要优点是，竞争过程中往往相当惹人注目，甚至产生所谓轰动效应，企业及其产品可以较快地为消费者或用户所了解，易于达到树立市场形象的目的。主要缺点是，具有较大的风险性。

（二）填空补缺式定位

填空补缺式定位主要采取“创新定位”策略。企业寻找新的尚未被占领但有潜在市场需求的位置，填补市场上的空缺，生产市场上没有的、具备某种特色的产品。

【案例】

日本索尼公司的索尼随身听等一批新产品正是填补了市场上迷你电子产品的空缺，并进行不断的创新，使得索尼公司即使在“二战”时期也能迅速地发展，一跃而成为世界级的跨国公司。采用这种市场定位方式时，公司应明确创新定位所需的产品在技术上、经济上是否可行，有无足够的市场容量，能否为公司带来合理而持续的盈利。

填空补缺式定位即企业将自己的产品避开强有力的竞争对手，定位在目标市场目前的空白部分或是“空隙”。市场的空缺部分指的是市场上尚未被竞争者发觉或占领的那部分需求空当。企业选择此定位目标，主要是为了能避开竞争，迅速在市场上站稳脚跟，先入为主地在顾客心目中建立对自己有利的形象。这种定位方式风险较小，成功率也较高。对消费者来说，这种定位抓住了他们先入为主的心理，消费者一旦对定位产品与企业产生认可，其他的竞争者就一时难以改变他们的惠顾心理。

采用这种定位目标之前必须考虑以下几点：

（1）研究市场的空白地带是如何形成的？是因为没有潜在的需求，还是竞争对手无暇顾及？

（2）如果确实存在潜在的需求，就要考虑这一市场部分是否有足够的需求规模，是否足以使企业有利可图？如因开发产品和启动市场的成本太高，企业收益无法弥补或弥补后只有微利时，就不应选择该策略。

（3）要客观地考虑企业的营销管理能力是否能胜任市场空当部分的开发；自身是否有足够的技术开发能力去提供足够的产品。如果企业不具备应有的管理、技术开发、生产能力，盲目进入该市场只能造成失败和大量资源的浪费。

【案例】

德国与日本的汽车制造商，为了进入美国市场，避开美国汽车厂商偏爱的大型豪华汽车的细分市场，针对普通家庭的小型节油汽车细分市场，填补了这一空当。从此，美国消费者对小型节油汽车的消费逐年上升，就此结束了美国汽车厂商独霸市场的局面。

（三）另辟蹊径式定位

另辟蹊径式定位主要采取“避强定位”策略。企业力图避免与实力最强的或较强的其他企业直接发生竞争，而将自己的产品定位于另一市场区域内，使自己的产品在某些特征或属性方面与最强或较强的对手有比较显著的区别。具体指产品定位在现有的竞争者的产品附近，服务于相近的顾客群，与同类同质产品满足同一个目标市场。并列的最初不是取代，不是一味想压倒对方，而是一种平分秋色的定位方式。当然，大多数情况下，这种定位是危险的，会引起竞争者的激烈反击。但不少企业认为这种定位可以使自己与市场强者并列，可以激发自己的斗志，且一旦成功可以获得巨大的市场优势，因为这个市场部分肯定是最有利可图的部分，如百事可乐定位与可口可乐相近就是明显的一例。

如果消费者的心理已经被先入为主的产品、品牌占据，那么并列只会是盲目地模仿，不会在市场上产生积极的反应。因此，采用这种定位方法，企业必须既要注意在各方面能与竞争产品媲美，又要寻找自己产品与品牌的独有特色。

【案例】

"金甲虫"车是怎样进入美国市场的

德国福斯汽车公司生产了一款"金甲虫"车，打算投放到美国市场。当时，美国的一些大汽车公司根本没有把这种不知名的小车放在眼里。但福斯汽车公司并不气馁，他们在美国作了大量的市场调查工作，发现美国的汽车使用者可分为三种类型：一是讲究排场，二是注重质量，三是考虑经济因素。而在考虑经济因素的使用者中又可分为两种情况：其一是喜欢标新立异，别人开大车，我偏要开小车；其二是惜金如命，他们的标准是价廉、节约。这两种用户在美国购买汽车的消费者当中占10%。假如美国每年的汽车需求量是1 000万辆，10%就是100万辆。无论如何，这是一个不小的数目。于是，福斯汽车公司决定专对这两类人做生意。结果与那些傲慢的美国同行的预言正相反，福斯汽车公司依靠科学的市场调查所制定的针对性销售策略大获成功。不起眼的"金甲虫"车很快跻身于美国这个汽车业最发达的市场。

思考：

1. 福斯汽车公司是以什么标准细分市场的？
2. 福斯汽车公司以什么为目标市场？
3. 福斯汽车公司采取的是哪种市场定位策略？为什么要采取这种策略？
4. 福斯汽车公司为什么能取得成功？

分析：

1. 消费者的心理和行为。
2. 考虑经济因素的使用者。
3. ①避强定位策略。②美国汽车业非常发达，是一个有着相对成熟产品、相对饱和的市场。在这种市场上，福斯汽车公司作为后来者要与市场领先者的大汽车公司一争高低是很难的。所以，福斯汽车公司采取了避开强有力的竞争对手的做法，将其市场定位在竞争对手不重视或遗忘的区域内，针对一部分特定的消费者展开营销活动。
4. ①对消费者市场有极为充分、翔实的了解。②能够正确分析自己和竞争对手的状况。③正确制定目标市场策略，包括正确的市场细分、目标市场选择、市场定位。

其主要优点是，避强定位策略能使企业较快地在市场上站稳脚跟，并能在消费者或用户中树立形象，风险小。主要缺点是，避强定位往往意味着企业必须放弃某个最佳的市场位置，很可能使企业处于最差的市场位置。

（四）改头换面式定位

改头换面式定位主要采取“重新定位”策略。公司在选定了目标市场和确定了市场定位后，如果发现市场定位不准确或虽然开始定位得当，但市场情况已经发生变化；或者遇到竞争者市场定位与本公司接近，侵占了本公司部分市场；或者由于某种原因消费者或用户的需求偏好发生变化，转移到竞争者方面时，就应该考虑重新定位。重新定位是改头换面、以退为进的策略，目的是为了实施更为有效的市场定位。

【案例】

万宝路香烟刚进入市场时，是以女性为目标市场，它推出的宣传口号是“像5月的天气一样温和”。然而，尽管当时美国吸烟人数年年都在上升，万宝路的销售却始终平平。后来，广告大师李奥贝纳为其做营销策划，他将万宝路重新定位为男子汉香烟，并将它与最具男子汉气概的西部牛仔形象联系起来，树立了万宝路自由、野性与冒险的形象，由此从众多的香烟品牌中脱颖而出。自20世纪80年代中期到现在，万宝路一直高居世界各品牌香烟销量首位，成为全球香烟市场的领导品牌。

【课堂思考与练习（三）】

1. 列举产品市场定位策略的种类。

2. 产品定位在现有的竞争者的产品附近，服务于相近的顾客群，与同类同质产品满足同一目标市场部分，叫（　　）。

A. 填补定位　　B. 对抗定位　　C. 紧随定位　　D. 并列定位

【模块小结】

本模块主要内容包括：市场细分的概念、作用、一般方法和标准，目标市场的内涵、选择、策略，市场定位的含义、依据和策略。

【练习题】

一、单项选择题

1. 市场细分是20世纪50年代中期美国市场学家（　　）提出的。

A. 菲利普·科特勒　　B. 艾·里斯

C. 温德尔·史密斯　　D. 基恩·凯洛西尔

2. （　　）差异的存在是市场细分的客观依据。

A. 产品　　B. 价格　　C. 需求偏好　　D. 细分

3. 市场细分化是根据（　　）的差异对市场进行的划分。

A. 买方　　B. 卖方　　C. 产品　　D. 中间商

4. 市场细分是对（　　）进行细分。

A. 产品　　　　　　　　　　　　　B. 不同种产品的消费者
C. 生产同种产品的不同企业　　　　D. 同种产品需求各异的消费者

5. 依据目前的资源状况能否通过适当的营销组合去占领目标市场，即企业所选择的目标市场是否易于进入，这是市场细分的（　　）原则。

A. 可衡量性　　B. 可占据性　　C. 可盈利性　　D. 可区分性

6. 采用无差异目标市场营销策略的最大优点是（　　）。

A. 市场占有率高　　　　　　　　B. 成本的经济性
C. 市场适应性强　　　　　　　　D. 需求满足程度高

7. 集中性目标市场营销策略尤其适合于（　　）。

A. 跨国公司　　B. 大型企业　　C. 中型企业　　D. 小型企业

8. （　　）是实现市场定位目标的一种手段。

A. 产品差异化　　B. 市场集中化　　C. 市场细分化　　D. 无差异营销

9. 对于同质产品或需求上共性较大的产品，一般应实行（　　）

A. 集中性目标市场营销策略　　　B. 差异性目标市场营销策略
C. 无差异目标市场营销策略　　　D. 维持性目标市场营销策略

10. 对于成熟期的产品，企业宜采用（　　）

A. 集中性目标市场营销策略　　　B. 差异性目标市场营销策略
C. 无差异目标市场营销策略　　　D. 大量市场营销

11. 企业在细分市场的基础上，对不同的子市场提供不同的市场营销组合属于(　　)

A. 集中性目标市场营销策略　　　B. 差异性目标市场营销策略
C. 无差异目标市场营销策略　　　D. 大量市场营销

12. 企业准备为之提供产品和服务的顾客群构成企业的（　　）

A. 市场机会　　B. 营销机会　　C. 生产者市场　　D. 目标市场

13. 下列不属于市场细分有效标志的是（　　）

A. 可衡量性　　B. 可进入性　　C. 可盈利性　　D. 可持续性

14. 某服装制造商为“朴素妇女”、“时髦妇女”、“有男子气的妇女”等分别设计和生产妇女服装。其细分市场的依据是（　　）

A. 教育水平　　　　　　　　　　B. 性别
C. 消费者所追求的利益　　　　　D. 生活方式

15. 某些消费者先连续购买 A 品牌产品，后来又连续购买 B 品牌产品，对 A 品牌来说，这类消费者就是（　　）

A. 铁杆品牌忠诚者　　　　　　　B. 几种品牌忠诚者
C. 转移的品牌忠诚者　　　　　　D. 不一定

16. 处于介绍期或成长期的新产品最好实行（　　）

A. 无差异目标市场营销策略　　　B. 差异性目标市场营销策略
C. 集中性目标市场营销策略　　　D. AC 都对

17. 根据消费者为了保持牙齿洁白的愿望，企业推出洁银牙膏，是（　　）细分的结果。

A. 使用者情况 B. 购买动机
C. 产品的使用率 D. 品牌的忠诚度
18. 采用无差异目标市场营销策略的最大优点是（ ）。
A. 市场占有率高 B. 成本的经济性
C. 市场适应性强 D. 需求满足程度高

二、多项选择题

1. 市场细分对企业营销而言，有利于（ ）。
A. 发现市场机会 B. 掌握目标市场的特点
C. 制定市场营销组合策略 D. 提高企业的竞争能力
2. 市场定位的主要方式有（ ）。
A. 产品定位 B. 形象定位 C. 避强定位
D. 对抗性定位 E. 重新定位
3. 以下属于心理细分依据的有（ ）。
A. 个性特点 B. 购买时机 C. 性别
D. 生活方式 E. 年龄 F. 品牌忠诚度
4. 无差异目标市场营销策略（ ）。
A. 适用于小企业 B. 不进行市场细分
C. 适宜于绝大多数产品 D. 只强调需求共性
5. 消费者市场细分的依据有（ ）
A. 地理变量 B. 最终用户 C. 顾客规模
D. 人口变量 E. 心理变量
6. 目标市场营销的全过程包括的主要步骤有（ ）
A. 市场调查 B. 市场细分 C. 目标市场选择
D. 市场定位 E. 市场预测
7. 企业在市场定位过程中（ ）。
A. 要了解竞争产品的市场定位
B. 要研究目标顾客对该产品各种属性的重视程度
C. 要选定本企业产品的特色和独特形象
D. 要避开竞争者的市场定位
E. 要充分强调本企业产品的质量优势
8. 市场定位的方法有（ ）
A. 初次定位 B. 重新定位 C. 对峙定位
D. 避强定位 E. 独立定位
9. 按消费者对新产品品牌的忠诚程度，可将消费者分为（ ）
A. 名牌品牌忠诚者 B. 几种品牌忠诚者
C. 铁杆品牌忠诚者 D. 转移品牌忠诚者
E. 非品牌忠诚者

10. 企业选择目标市场战略时应该考虑的因素有（　　）

A. 企业的资源　　B. 产品的同质性

C. 市场的同质性　　D. 产品的生命周期阶段

E. 竞争对手的战略

11. 人口细分的依据有（　　）

A. 年龄　　B. 性别　　C. 收入

D. 生活方式　　E. 个性

三、解释题

1. 市场细分
2. 目标市场
3. 市场定位
4. 无差异目标市场营销策略
5. 集中性目标市场营销策略

四、简答题

1. 目标市场选择策略的三种方式及其各自的优缺点。
2. 选择目标市场策略时需要考虑的因素有哪些？

【技能实训】

1. 实训名称：试为某企业某产品进行市场定位。

2. 实训目的：针对你所经营的产品，研究“谁是你的顾客”，并分析你的顾客的购买行为，找准目标市场，实施市场定位，并写出策划方案。

3. 实训组织：

（1）人员：4～5人组成小组，以小组为单位进行训练。

（2）时间：与课程模块五教学同步。

（3）地点：多媒体教室或营销实训室。

4. 实训要求：

（1）精心进行市场细分与目标市场策略相关资料准备（10分）。

（2）认真选择调查分析对象（某企业某产品），妥善安排时间（20分）。

（3）运用营销知识深入分析，根据以下资料确定产品市场定位（45分）：

①描述你的当前客户：年龄段、性别、收入、文化水平、职业、家庭大小、民族、社会阶层、生活方式。

②他们来自何处？本地、国内、国外、其他地方。

③他们买什么？产品、服务、附加利益。

④他们每隔多长时间购买一次？每天、每周、每月、随时、其他。

⑤他们买多少？按数量、按金额。

⑥他们怎样买？赊购、现金、签合同。

⑦他们怎样了解你的企业？网络、广告、报纸、广播、电视、口头。
⑧他们对你的公司、产品、服务怎么看？（客户的感受）
⑨他们想要你提供什么？（他们期待你能够或应该提供的好处是什么？）
⑩你的市场有多大？（按地区、人口、潜在客户来划分）
⑪在各个市场上，你的市场份额是多少？
⑫你想让市场对你的公司产生怎样的感受？
（4）拟出市场定位建议书（25分）。
5. 实训评价：
（1）小组互评。
（2）教师点评。

模块五　市场营销组合

【知识目标】

1. 掌握产品组合策略
2. 制定合理的市场营销组合策略
3. 充分利用企业的资源，选择可行的营销方法

【技能目标】

1. 了解市场营销组合的含义
2. 领会市场营销组合的特点
3. 提高运用市场营销组合策略的能力
4. 领会“4P”、“4C”、“4R”以及大市场营销组合的含义
5. 正确运用产品组合策略去实现企业经营目标

【引导案例】

把斧子售给美国总统

一位美国学生经过精心策划，向时任美国总统小布什发出了一封信，信中这样写道：“尊敬的布什总统，祝贺您成为美国的新一任总统。我非常热爱您，也很热爱您的家乡。我曾经到过您的家乡，参观过您的庄园，那里美丽的风景给我留下了难忘的印象。但是我发现庄园里的一些树上有很多粗大的枯树枝，我建议您把这些枯树枝砍掉，不要让它们影响庄园里美丽的风景。现在市场上所卖的那些斧子都是轻便型的，不太适合您，正好我有一把祖传的大斧子，非常适合您使用，而我只收您 15 美金，希望它能够帮助您。”布什看到这封信以后，立刻让秘书给这位学生寄去 15 美金，买下了这把斧子。

分析：

首先通过赞美赢得好感，然后指出问题，分析需要，最后比较优劣，说明自己产品的优势。营销必须树立以消费者为中心的市场营销理念，按照消费者的心理巧妙构思、精心设计营销组合方案，才能最终获得成功。

项目 1　市场营销组合的特点

市场营销组合是市场营销理论体系中最重要的概念之一。它是美国营销学者尼尔·恩·博登于 1964 年首先提出来的。

一、市场营销组合的含义

市场营销组合就是企业在特定市场经营特定商品时，企业可以控制的各种市场营销手段的组合。

二、市场营销组合的特点

（1）可控性。市场营销组合因素对企业来说都是“可控因素”。

（2）多重性。市场营销组合是一个复合结构。

（3）动态性。市场营销组合是一个动态组合。

（4）整体性。市场营销组合是企业针对目标市场综合运用“4P”策略等组成的整体，每项策略只是整个营销组合中的一个局部，相互配合才能产生整体作用。市场营销组合要受企业市场定位战略的制约。

由于企业所处的地位不同，市场竞争策略必须是经过对本企业、主要竞争对手作出客观评价和对市场需求有了充分了解后的抉择。

项目 2　市场营销组合的内容

一、“4P”营销理论

美国著名市场营销学家麦克塞提出了“4P”营销理论，奠定了市场营销的基本理论框架，对市场营销理论和实践产生了深刻的影响，被市场营销界奉为营销理论中的经典。

所谓“4P”营销理论就是指企业在开展市场营销活动过程中，通过对各种可控因素的优化组合和综合运用，使其能够扬长避短，发挥优势，以适应外部环境的一种营销理论。即通过对产品（Product）、价格（Price）、分销渠道（Place）、促销（Promotion）的计划、组织与实施，对外部不可控因素作出动态的积极反应，从而实现其占领某个目标市场的营销目的。因为这四个策略的组合通常是由市场营销人员来决定的，所以它们也时常被称为可控变量。这就是市场营销中运用最广泛、最著名的“4P”组合。

【案例】

美国的百事可乐公司和福特汽车公司，分别在饮料业和汽车业直追市场领导者，并不断向其发动进攻，它们往往是从产品创新、价格、成本、促销等方面展开对抗。

二、大市场营销

菲利普·科特勒认为企业能够影响自己所处的市场营销环境，而不应单纯地顺从和适应环境。在传统“4P”组合之外，还应该加上两个“P”即：①权力（Power）；②公共关系（Public Relations）。

企业要运用政治力量和公共关系，打破市场上的贸易封锁，为企业的市场营销开辟道路。他把这种新战略思想称为“大市场营销”。

三、“4P”到“4C”的营销变革

20世纪80年代，美国北卡罗来纳大学教授罗伯特·劳特朋针对“4P”营销理论存在的问题提出了“4C”营销理论。

所谓“4C”营销理论，就是企业在营销活动中，必须瞄准消费者的需求，考虑消费者所愿意支付的成本以及消费者购买的便利性，与消费者进行充分沟通的一种营销理论。

总的来看，“4C”营销理论注重以消费者需求为导向，与市场导向的“4P”营销理论相比，“4C”营销理论有了很大的进步和发展。

“4C”营销理论的具体要素是：

1. 顾客（Customer）

即瞄准消费者的需求。企业首先要了解、研究、分析消费者的需要与欲求，生产消费者所需要的产品，而不是先考虑企业能生产什么产品。企业重视顾客要甚于重视产品，消费者是企业一切经营活动的核心。

2. 成本（Cost）

即消费者所愿意支付的成本。首先要研究消费者的收入状况、消费习惯以及同类产品的市场价位，了解消费者满足需要与欲求愿意付出多少钱（成本），而不是先给产品定价，即向消费者要多少钱。企业将价格因素延伸为生产经营全过程的成本因素。

3. 便利（Convenience）

即消费者的便利性。首先考虑顾客购物等交易过程如何给顾客方便，而不是先考虑销售渠道的选择和策略。强调企业提供给消费者的便利比营销渠道更重要。

4. 沟通（Communication）

即与消费者沟通。消费者不只是单纯的受众，本身也是新的传播者，以消费者为中心实施营销沟通是十分重要的，通过互动、沟通等方式，将企业内外营销不断进行整合，把顾客和企业双方的利益无形地整合在一起。企业用沟通取代促销，强调企业应重视与顾客的双向沟通，而不仅仅是单方面向顾客推销产品。

四、"3R"营销理论

20世纪90年代初，美国哈佛大学的两位教授赛塞与雷奇汉根据服务性企业的数据，研究了企业的市场份额与利润的关系，发现市场份额对利润并没有太大的影响，而顾客忠诚度较高的服务性企业更能盈利。1994年，哈佛的赫斯凯特（Jamew L. Heskett）等教授在前人研究的基础上，提出了服务利润链管理理论。他们认为，企业不应追求最大市场份额，而应尽力提高市场份额的质量（主要指忠诚的顾客比例）。因此，企业应采用"3R"营销策略，其具体要素如下：

1. 客户维持（Retention）

优秀的客户维持可以建立稳定的客户群体，节省成本，提高利润率。这主要表现在两个方面，一方面可以节省重新争夺新客户的费用，另一方面也节省了重新调查审核客户信用的成本。通过各种策略，努力把客户尤其是优质客户留下来，并培养成忠诚客户群。

2. 多重销售（Relation Sales）

即向同一客户销售多种商品。据日本BOOZ·ALLEN&HAMILTONH咨询公司调研，同一客户使用的产品数量与客户维持存在密切关系。多重销售可以为客户提供更多的选择机会，促使客户多重购买，并增强顾客的忠诚度，减少顾客流失。

3. 客户介绍（Referrals）

即通过现有客户的推介扩大客户数量。顾客的口碑很重要，因此提高原有顾客对企业的满意度并鼓励客户对企业的口碑宣传，可以帮助企业扩大新顾客群体、争夺优质客户。

五、"4R"营销理论

"4R"营销理论是由美国著名的营销权威舒尔茨在"4C"营销理论的基础上提出的新营销理论。"4R"分别指代关联（Relevance）、反应（Reaction）、关系（Relationship）和回报（Reward）。该营销理论认为，随着市场的发展，企业需要从更高层次上以更有效的方式在企业与顾客之间建立起有别于传统的新型的主动性关系。"4R"营销要求同顾客建立关联，需要实力基础或某些特殊条件，并不是所有的企业都可以轻易做到的，但"4R"营销模式针对了"4P"营销和"4C"营销的不足，为企业提供了很好的营销思路，是企业应该充分了解和掌握并加以灵活运用的。

"4R"理论以关系营销为核心，重在建立顾客忠诚，阐述了四个全新的营销策略组合要素。"4R"理论首先强调企业与顾客在市场变化的动态中应建立长久互动的关系，以防止顾客流失，赢得长期而稳定的市场；其次，面对迅速变化的顾客需求，企业应学会倾听顾客的意见，及时寻找、发现和挖掘顾客的渴望与不满及其可能发生的演变，同时建立快速反应机制以对市场变化快速作出反应；再次，企业与顾客之间应建立长期而稳定的朋友关系，从实现销售转变为实现对顾客的责任与承诺，以维持顾客再次购买和顾客忠诚；最后，企业应追求市场回报，并将市场回报当作企业进一步发展和保持与市场建立关系的动力与源泉。

由此，“4R”营销的操作要点是：①紧密联系顾客；②提高对市场的反应速度；③重视与顾客的互动关系；④回报是营销的源泉。

六、“11P”营销理论

1986年6月，美国著名市场营销学家菲利普·科特勒教授又提出了“11P”营销理论，即在大营销的“6P”之外加上调研、区隔、优先、定位和员工，并将产品、价格、渠道、促销称为“战术4P”，将调研、区隔、优先、定位称为“战略4P”。该理论认为，企业在“战术4P”和“战略4P”的支撑下，运用“权力”和“公共关系”这“2P”，可以排除通往目标市场的各种障碍。

“11P”营销理论的具体要素如下：

（1）产品（Product）。质量、功能、款式、品牌、包装。

（2）价格（Price）。合适的定价，在产品不同的生命周期内制定相应的价格。

（3）促销（Promotion）。尤其是好的广告。

（4）渠道（Place）。建立合适的销售渠道。

（5）权力（Power）。依靠两个国家政府之间的谈判，打开其他国家市场的大门，依靠政府人脉，打通各方面的关系，在中国所谓的官商即暗含此理。

（6）公共关系（Public Relations）。利用新闻宣传媒体的力量，增加对企业有利的形象报道，消除或减缓对企业不利的形象报道。

（7）调研（Probe）。即探索，就是市场调研，通过调研了解市场对某种产品的需求状况如何，有什么更具体的要求。

（8）区隔（Partition）。即市场细分的过程，按影响消费者需求的因素进行分割。

（9）优先（Priorition）。即选出企业的目标市场。

（10）定位（Position）即为自己生产的产品赋予一定的特色，在消费者心目中形成一定的印象。或者说就是确立产品竞争优势的过程。

（11）员工（People）。“只有发现需求，才能满足需求”，这个过程要靠员工实现。因此，企业就想方设法调动员工的积极性。这里的People不单单指员工，也可指顾客。顾客也是企业营销过程的一部分，比如网上销售，客户参与性就很强。

“11P”包括大市场营销组合即“6P”组合（产品、价格、促销、分销、权力、公共关系），这“6P”组合称为市场营销的策略，其确定得是否恰当，取决于市场营销的战略“4P”（依次为市场调研、市场细分、目标市场选择、市场定位），最后一个“P”（员工），贯穿于企业营销活动的全过程，也是实施前面10个“P”的成功保证。

市场营销策略组合作为现代市场营销理论中的一个重要概念，在其发展过程中，营销组合因素即“P”的数目有增加的趋势，但应当看到，传统的“4P”理论仍然是基础。

【案例】

日本黑白电视机是怎样进入中国市场的

1979年，中国实行改革开放政策，开始放宽对家用电器的进口。日本电视机厂商根据“市场=人口+购买力+购买动机”的公式，对中国市场进行了分析，认为中国有10亿人口，收入虽低，但有储蓄的好习惯，已形成一定的购买力，且普遍有看电视的兴趣和要求。据此得出结论：中国是个很有潜力的黑白电视机市场。根据中国市场的特点，日本电视机厂商制定和实施了一套占领中国市场的营销组合策略。

在产品策略上，他们了解到中国电压系统与日本不同，将电视机的电压从110伏改为220伏；考虑到中国有些地区电力不足、电压不稳等情况，便在电视机上装配稳压装置；为适应中国人消费情况，使电视机耗电较少，而音量较大；根据中国居民住房较窄的情况，以12英寸黑白电视机为宜，电视频道也作适当改动；提供质量保证和修理服务。在广州、上海、北京等主要城市设立维修中心，以消除中国人买外国货的后顾之忧。

在定价策略上，根据日本生产的电视机质量较好，且中国电视机市场上外国货少等情况，估计把价格定得比国产电视机价格稍高不会影响销路。因而以每台400多元（人民币）的价格出售。

在分销渠道策略上，由于当时中国国营商业公司未作为正式渠道，因而他们就通过港澳商代销经销，让到内地探亲访友的港澳同胞携入，以及由日商用货柜车运到广州流花宾馆发货等。

在促销策略上，十分注重广告宣传，通过香港的电视台展开广告攻势，使香港居民对日本电视机家喻户晓，再借香港居民之口向内地进行宣传；在中国内地可以看到的香港《大公报》、《文汇报》等报刊上大登广告，并介绍日本电视机的一些基本知识，如怎样选购、使用和保养等，使人看后感到日本电视机性能优良，图像清晰，便于使用，易保养。

由于日本电视机厂商准确地分析了中国市场，并据此制定和实施了恰当的国际营销组合策略，因而成功地进入并占领了中国黑白电视机市场。

（资料来源：渤海大学精品课程支撑网，http：//www. bhu. edu. cn/news/jingpin/kecheng/kecheng/shichangyingxiao07/files/5. swf)

分析：

由此案例可知，企业在采取任何销售手段或经营方式之前，必须进行大量的资料收集工作，以获取信息，信息是企业的生命线；营销战略主要是由企业目标和营销因素组合的各成分协调组成；营销因素组合作为市场手段，企业有自己选择的余地，因此，企业在运用营销因素组合时，要善于分析自己的优势与劣势，扬长避短；同时必须十分注意各因素之间的协同作用，注意外部环境对它的影响；在进入国际市场过程中，企业在综合运用营销因素组合时，既要有效地利用企业可以控制的因素，又要灵活地适应国际市场环境的变化，才能在国际市场上争得主动权。

【课堂思考与练习】

如何辨别“4P”营销理论与“4C”营销理论？

【模块小结】

本模块主要内容有：“4P”、“4C”、“3R”、“4R”、“11R”等营销理论的含义，市场营销组合和大市场营销组合的含义，市场营销组合的特点，运用市场营销组合策略的能力，如何正确运用产品组合策略去实现企业经营目标。

【练习题】

一、填空题

1. 市场营销组合概念最早是由美国哈佛大学的（　　）教授提出的。

2. “4P”是指（　　）、（　　）、（　　）、（　　）。

3. 市场营销组合概念为市场营销学注入了强烈的（　　）思想。

4. 大市场营销的概念是由（　　）首先提出来的。

5. 大市场营销条件下，企业手段除“4P”外，还增加了（　　）和（　　），即“6P”。

6. 美国学者劳朋特教授提出了与传统营销的“4P”相对应的“4C”理论，即消费者的需求与欲望、（　　）、购买商品的便利和沟通。

7. 2000年，又有学者提出了利益导向的市场营销理论，并提出了相应的4R营销组合，即关联、反应、（　　）、回报。

8. （　　）理论将市场营销组合从战术营销转向战略营销，意义十分重大，被称为市场营销学的“第二次革命”。

二、单项选择题

1. 市场营销组合策略是由美国哈佛大学的（　　）教授首先提出的。

A. 鲍敦　　B. 麦克塞　　C. 钱纳里　　D. 科特勒

2. 老百姓的日用必需品可以用（　　）作为竞争的主要手段。

A. 产品因素　　B. 价格因素　　C. 促销因素　　D. 分销渠道因素

3. 在“4C”的营销观念下，企业的定价模式将（　　）列为决定性因素。

A. 企业生产成本　　B. 消费者接受价格

C. 同行业竞争价格　　D. 企业目标利润要求

4. 市场营销组合的特点是（　　）。

A. 对企业来说都是“不可控因素”　　B. 是一个单一结构

C. 是一个静态组合　　D. 要受企业市场定位战略的制约

5. 新的市场营销组合策略“6P”被称为（　　）。

A. 宏观市场营销　　B. 大市场营销

C. 微观市场营销　　D. 整合市场营销

6. 大市场营销观念是著名营销学者（　　）提出来的。

A. 菲利普·科特勒　　B. 麦卡锡

C. 迈克尔·波特　　D. 彼得·杜拉克

7. “4C”理论用（　　）取代了传统“4P”理论中的促销，强调企业应重视与顾客的双向沟通。

A. 沟通　　B. 顾客　　C. 成本　　D. 便利

三、多项选择题

1. “大市场营销”战略思想中所包括的组合要素有（　　）。

A. 产品　　B. 权力　　C. 渠道　　D. 公共关系

2. 下列对市场营销组合的特点描述正确的是（　　）。

A. 市场营销组合要素对企业来说都是可控要素

B. 市场营销组合是一个复合结构

C. 市场营销组合是一个动态组合

D. 市场营销组合要受企业市场定位战略的制约

【技能实训】

1. 实训名称：产品营销组合方案的制订。

2. 实训目的：通过实训，提高学生对营销组合策略应用的能力。

3. 实训组织：

（1）人员：4～5人组成小组，选定小组长，以小组为单位进行训练。

（2）时间：课程结束后，安排1天实训。

（3）地点：网络教室或营销实训室。

4. 实训要求：

（1）为指定产品设计一套新产品营销组合方案，包括新产品品牌、包装、服务、价格、渠道、促销等营销组合策略。

（2）每个小组写出书面营销组合方案。

5. 实训评价：

（1）小组互评。

（2）教师点评。

模块六　产品策略

【知识目标】

1. 了解产品的含义
2. 掌握市场生命周期理论，掌握产品市场生命周期各个阶段的市场营销策略
3. 理解新产品概念，掌握新产品开发策略
4. 了解商品品牌、商标与包装的内涵，初步掌握产品品牌策略、商标策略和包装策略

【技能目标】

1. 了解产品整体概念包含的层次，产品组合、产品线、产品项目的含义
2. 领会产品组合的广度、深度、长度、相关度，产品线延伸策略
3. 分析企业的产品组合及类型，分析企业的产品组合策略
4. 掌握产品市场生命周期的四个阶段
5. 领会新产品开发的策略，新产品开发的过程
6. 领会品牌策略及作用，品牌设计的原则，包装设计的要求
7. 分析企业的品牌策略

【引导案例】

金利来领带

香港“领带大王”曾宪梓曾说，金利来原来叫金狮。一天，他送两条金狮领带给他的一位亲戚，谁知这位亲戚很不高兴，说：“我才不用你的领带呢？金输金输，什么都输掉了”，原来香港话中“狮”与“输”读音相近，香港爱赌马的人很忌讳“输”字。他于是想出了将Goldlion改为意译与音译相结合这个点子，即Gold意为金，Lion音读为利来，这个名字很快就为大家所喜爱和接受。

分析：

从商业心理学的角度来说，任何产品的命名都不是随心所欲的，必须符合顾客心理。这则故事给我们的启示是，给产品取个好名称，是关系到产品促销的一件重要事情，切不可等闲视之。企业在产品取名上一定要舍得下功夫，经过深思熟虑，反复比较，慎重挑选，才能做到念起来上口，听起来悦耳，想起来有新意，才能提高产品的知名度和诱惑力。

项目1　产品与产品组合

一、产品的概念

传统观念认为，产品就是指人们在生产过程中创造的、具有某种特定的物质形态和具体用途的劳动生产物。

从营销学的意义上讲，产品的本质是一种满足消费者需求的载体，或是一种能使消费者需求得以满足的手段，包括实物、服务、场所、组织、人员、观念、主意等。由消费者需求满足方式的多样性所决定，产品由实体和服务构成，即：产品＝实体＋服务。

【案例】

数码单词学习机“好记星”三个字分别取自业内众所周知的“好译通”、“记易宝”、“文曲星”三大巨头同类产品的一个字，取众家之长，通过这一方法，使其产品后来居上，占据了电子词典市场较大的份额。

二、产品的整体概念

市场营销中所指的产品是一个整体概念。消费需求的不断扩展和变化使产品的内涵和外延得以不断扩大。

从内涵上看，产品从有形实物产品扩大到服务（如美容、咨询）、人员（如体育、影视明星）、地点（如长城、桂林）、组织（如保护消费者协会、自驾游俱乐部）和观念（如环保、公德意识）。

从外延上看，产品从实质产品向形式产品、附加产品拓展。

现代营销学的理解是，凡是提供给市场的、能满足消费者某种需要或欲望的任何有形体的实物或无形体的服务均为产品，有形体的实物主要包括产品实体及其品质、特色、式样、品牌和包装等；无形体的服务包括可以给消费者带来附加利益和心理上的满足感及信任感的售前、售中、售后服务及产品形象、企业声誉等。

小思考

任选身边的某种产品进行层次结构分析，指出该产品中哪部分是属于核心产品、哪部分是属于形式产品、哪部分是属于附加产品，并说明这对自己有何启迪。

产品的整体概念包含5个层次：

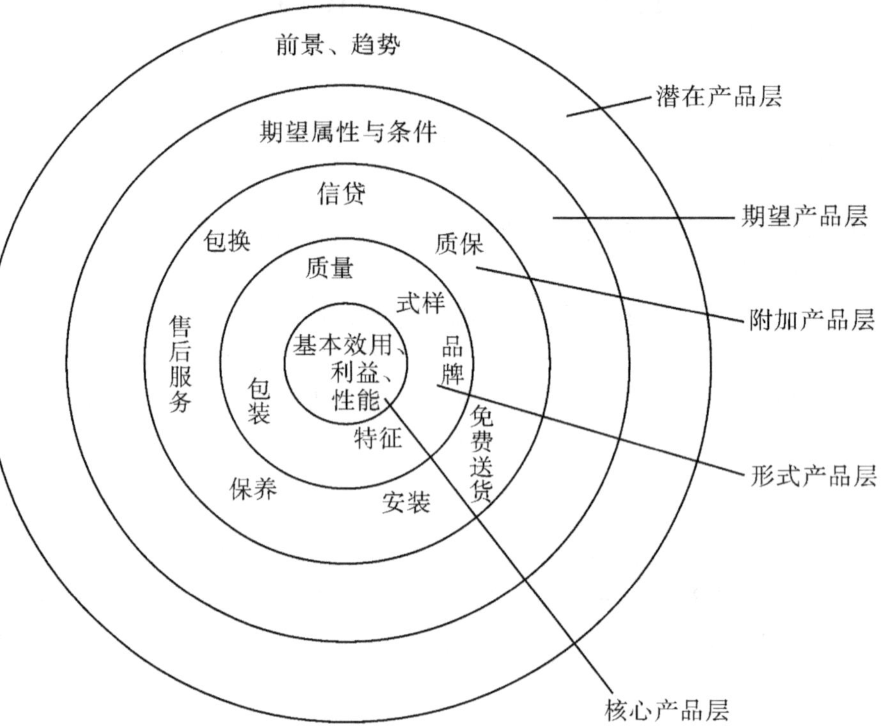

图6－1　产品整体概念包含的5个层次

1. 核心产品层

核心产品又称为实质产品，即向消费者提供产品的基本效用、利益和性能，是指消费者需求的核心部分，是产品整体概念中最主要的内容，它是产品最基本的层次。

【案例】

照相机的核心产品是纪念、回忆、喜悦和不朽。麦当劳的核心产品是“更多选择，更多欢乐”。

2. 形式产品层

形式产品是指产品的本体，是核心产品借以实现的各种具体产品形式，即向市场提供的产品的实体外观。而外观是指产品出现于市场时，可以为消费者识别的面貌，它一般由产品的质量、式样、品牌、特征、包装5个有形因素构成。

3. 附加产品层

附加产品是指消费者购买产品时随同产品所获得的全部附加服务与利益，它包括提供信贷、质量保证、免费送货、安装调试、保养、包换、售后服务等。

4. 期望产品层

期望产品是指消费者购买某些产品时通常希望和默认的相关属性和条件。如住旅馆时期望干净的床、下饭馆时期望卫生的菜等。

5. 潜在产品层

潜在产品是指产品可能的演变趋势和前景，包括兼容性、替代性等。

产品的整体概念这一原理告诉我们，没有需求就没有产品，通过对产品整体概念5个层次的内容进行不同的组合，可以满足不同消费者对同一产品的差异性的需求。消费者对产品质量的评价是从产品整体概念的角度进行的，因而不同企业产品质量的竞争实质上是产品整体概念的竞争。

企业在进行产品设计时，应着眼于消费者所追求的基本利益，同时市场营销人员也要重视如何以独特的形式将这种利益呈现给消费者。因为形式产品的各种有形因素虽然不会全部直接进入产品的使用过程，但也间接影响消费者对产品的满足程度和评价。

【案例】

日本资生堂是一家生产化妆品的著名企业，然而，其负责人却说：本公司推销的不是化妆品，而是美丽。

分析：

该负责人深谙核心产品应用的奥妙，揭示了消费者购买化妆品的核心利益就是为了美丽。在商品促销中只有抓住消费者购买产品的核心利益进行宣传，才能取得良好的促销效果。

三、产品组合的基本概念

1. 产品组合

产品组合是指一个企业向市场提供的全部产品的构成。通常由若干产品线组成，每条产品线包含若干产品项目，每一产品项目又有若干品牌、包装和服务。产品组合由全部产品线和产品项目构成。

具体而言，产品组合是指企业生产经营各种不同类型产品之间的质的组合和量的比例，也即企业生产或销售的全部产品的大类产品项目组合。产品组合不恰当可能造成产品的滞销积压，甚至引起企业亏损。

2. 产品线

产品线也称产品系列，它指同一产品种类中具有相同使用功能、规格不同而满足同类需求、具有密切关系的一组类似产品。它们以类似的方式起作用，或通过相同的销售网点销售，满足消费者相同的需要。如某化妆品公司有化妆品、珠宝、家常用品3条产品线。

3. 产品项目

产品项目是指产品线内一类产品中品牌、规格、式样、价格所不同的每一个具体产品。

4. 产品组合的宽度

产品组合的宽度是指产品组合所包含产品大类的多少，企业拥有的不同产品线的数目。

5. 产品组合的深度

产品组合的深度指产品线上平均具有的产品项目数，每个产品所包含花色、式样、规格的多少。

6. 产品组合的长度

产品组合的长度指每条产品线内不同规格的产品项目的数量，产品组合中所包含产品项目的总和。

7. 产品组合的关联性

产品组合的关联性是指企业各条产品线在最终用途、生产条件、分配渠道等方面的密切相关程度，即一个企业的各个产品线在最终使用、生产条件、分销渠道和其他方面相互关联的程度。

表 6－1　某化妆品公司的产品组合

	产品组合的宽度				
产品线	牙膏	洗面奶	香皂	洗衣粉	纸巾
产品组合的长度	中药 洁白 防蛀	春兰 夏荷 秋菊 冬梅	芙蓉 玫瑰 玉兰 芍药 月季 紫薇	呵护 爱护 拥护	柔和 柔软 柔情 柔弱

表中所示某化妆品公司的产品组合分析如下：

产品组合的宽度是：5（5 条产品线）；

产品组合的长度是：3＋4＋6＋3＋4＝20；

产品组合的深度是：20÷5＝4。

该公司产品组合的平均长度就是总长度（20）除以产品线数（宽度 5），也就是产品组合的深度。分析产品组合，既包括分析企业每一项产品所处的市场地位及其在企业经营中的重要程度，也包括各个不同产品项目的相互关系和组合方式的分析，其最主要的目的在于弄清在不断变化的市场营销环境中，企业现有的产品组合与企业的总体战略、营销策略的要求是否一致，并根据内、外部环境的要求对现有的企业产品组合进行调查。

四、产品组合策略

1. 扩大产品组合

扩大产品组合有2种策略：拓展产品组合的宽度，实现拓展产品组合的宽度，可在原产品组合中增加产品线、扩大经营范围；加强产品组合的深度，实现加强产品组合的深度，可在原产品线内增加新的产品项目。

企业可以充分利用资源，发展优势，分散企业的市场风险，增强竞争力。其渠道主要是扩大产品组合的宽度和加深产品组合的深度，即增加一条或多条生产线，拓宽产品经营领域，或在原生产线的基础上增加新的产品项目。实行这一策略的主要特点是降低企业的市场风险或平衡风险，但企业的投入将增加，成本提高，利润可能减少。

【案例】

瑞士钟表的牌子很多，其中成为名牌的亦不少，如Rolex劳力士、IWC万国、Omega欧米茄、Longines浪琴、Cyma西马、Eterna绮年华、Jaeger-LeCoultre积家、Movado摩凡陀、Tissot天梭、Tudor帝舵、Universal宇宙、Nardin雅典、Ebel玉宝、Elgin爱尔近、Hamilton汉米尔顿、Juvenia尊皇、Marvin摩纹、Mido美度、Waltham华尔顿、Bolova宝路华、Cortebert确得佩、Gruen高路云、Vuleain窝路鉴、Wittnauer威娜欧、Zenith真力时等。

2. 缩减产品组合

与扩大产品组合相反，企业为了减少不必要的投资，降低成本，增加利润，必须削减产品线或产品项目，特别是要取消那些获利小的产品，以集中力量经营那些发展获利较多的产品线和产品项目。该策略的主要特点是集中企业优势发展利好产品，实现专业化生产经营，减少资金占用，但增加了企业的市场风险。

3. 产品线延伸策略

产品线延伸策略，即企业根据市场的需求重新对全部或部分产品进行市场定位，对产品线内的产品项目进行延伸。比如企业原来定位于低档产品市场，在原产品线内增加高档产品项目进入高档品市场，原因在于高档品有较高的利润率；反之，企业原来定位于高档品市场，现增加低档产品项目，进入低档品市场，来弥补高档品增长缓慢、市场需求有限、竞争激烈的风险，通过高档品市场建立的形象和声誉，满足更多消费者的需求，吸引更多的消费者。

【案例】

在经过多年的中国市场培育和品牌形象打造之后，宝洁在中国市场已经深入人心，飘柔、潘婷、海飞丝等品牌分别以区隔精准备的功能定位和“高档”的品牌形象赢得了良好的知名度和美誉度，随着中国洗涤日化行业竞争的不断加剧，当越来越多的国产品牌以更占优势的价位和强力的广告宣传纷纷抢占市场时，宝洁不得不改变策略，推出一系列“平民价位”的产品，给竞争对手以有力的打击。更重要的是，宝洁这一举措丝毫无损于它一贯的“高档”形象，反而给人“更具亲和力”的感觉。

产品线延伸策略具体有以下 3 种实现方式：

1. 向上延伸。即企业以中低档产品的品牌向高档产品延伸，进入高档产品市场。

2. 向下延伸。即企业以高档品牌推出低档产品，通过品牌向下延伸扩大市场占有率。

3. 双向延伸。即品牌原来定位为中档品牌，随着市场的发展，企业对品牌作向上和向下两个方向的延伸。

【课堂思考与练习（一）】

单项选择题

1. 属于附加产品的有（　　）。

A. 产品基本效用　B. 质量　C. 包装　D. 售后服务

2. 从产品的整体概念来看，核心产品是指产品的（　　）。

A. 基本功能　B. 质量　C. 商标　D. 售前和售后服务

3. 一个家电企业生产 4 种电冰箱产品、8 种洗衣机产品、5 种空调产品，那么这个企业的产品线有（　　）。

A. 1 条　B. 3 条　C. 17 条　D. 8 条

项目 2　产品的市场生命周期

一、产品市场生命周期的含义

产品市场生命周期是指产品从投放市场到被淘汰出市场的全过程，是指产品在市场上的存在时间，一个完整的产品市场生命周期可分为进入期、成长期、成熟期和衰退期四个阶段。

如图 6 - 2 所示，产品市场生命周期一般以销售额和利润额的变化来衡量。

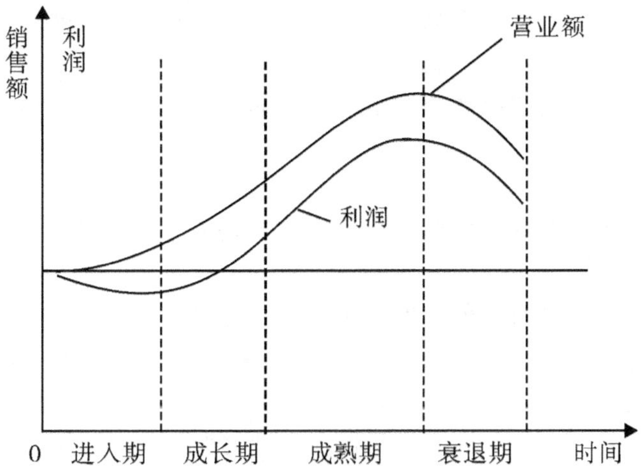

图6－2 产品市场生命周期

理解产品市场生命周期这个概念应注意以下几点：

（1）产品市场生命周期与产品使用寿命不同。

（2）产品市场生命周期是指产品某个具体品种的生命周期。

（3）产品市场生命周期主要是通过市场销售量的变化来认知的。

二、产品生命周期各阶段的特点分析

（一）进入期

进入期又称投入期、导入期、试销期。一般指产品从发明投产到投入市场试销的阶段。其主要特征如下：

（1）产品刚进入市场，消费者对产品不了解，产品销售量低。

（2）产品技术性能不够完善。

（3）无竞争者。

（4）生产批量小，单位产品成本高，试制费用大，制造成本高。

（5）由于消费者对产品不熟悉，导致广告促销费较高。

（6）销售量增长缓慢，利润少，甚至产生亏损。

（二）成长期

成长期又称畅销期。指产品通过试销阶段以后，转入成批生产和扩大市场销售的阶段。其主要特征如下：

（1）产品基本定型、技术工艺及设备趋于成熟配套，产量激增。

（2）在高额利润的吸引下，生产和经营这种产品的厂家逐渐增多，市场竞争渐趋激烈，原来生产厂家的地位受到严峻的挑战。

（3）销售量迅速增加，销售额迅速增长。

（4）生产成本大幅度下降，产品设计和工艺已定型，可以大批量生产。
（5）成本下降，利润额迅速提高。
（6）这一时期该产品已具有相当的市场占有率。

（三）成熟期

成熟期又称饱和期，指产品在市场上的销售已经达到饱和状态的阶段。其主要特征如下：

（1）销售额虽然仍在增长，但速度趋于缓慢。

（2）市场需求趋向饱和，销售量和利润达到最高点，销售增长速度缓慢或呈稳定状态。后期两者增长缓慢，甚至趋于零或负增长。

（3）企业内部生产管理趋于完善，机器、劳动力得到最佳利用，产品成本降到最低程度，产品供需达到平衡，甚至供过于求，市场进入饱和状态，竞争最为激烈。

（4）为了进行竞争，企业又投入大量的营销费用，在这个阶段后期，销售量和利润额开始下降。

（四）衰退期

衰退期又称滞销期，即产品不能适应市场需求，逐步被市场淘汰或进行更新换代的阶段。其主要特征如下：

（1）产品已不再适应市场需求，销售量急剧下降。
（2）产品需求量、销售量和利润迅速下降，利润减少。
（3）新产品进入市场，竞争突出表现为价格竞争。
（4）产品积压，价格下跌，效益不佳。

三、产品市场生命周期各阶段的营销策略

（一）进入期的营销策略

对进入期的产品，企业总的策略思想应该是迅速扩大销售量，提高盈利，缩短介绍期，尽量更快地进入成长期。进入期营销活动的基本指导思想是突出一个“短”字。其主要策略如下：

（1）促销活动的重点是向消费者宣传和介绍产品的性能、用途、质量，使消费者尝试使用新产品。

（2）价格上可采取低价渗透策略，迅速扩大销售量并占有一定的市场，以及高价取脂策略来提高盈利。

（3）根据市场具体情况，把促销与价格组合运用可选择相应的策略：
①快速掠取（双高）：指以高价格和高促销水平推出新产品的策略；
②缓慢掠取（一高一低）：指高价格和低促销水平推出新产品的策略；
③快速渗透（一低一高）：指用低价格和高促销水平推出新产品的策略；

④缓慢渗透（双低）：指用低价格和低促销水平推出新产品的策略。

（二）成长期的营销策略

产品进入该时期，其销售额和利润都呈现出迅速增长的势头，故企业的策略思想是尽可能延长成长期的时间，并保持旺销的活力。成长期营销活动的基本指导思想，是突出一个“快”字。其主要策略如下：

（1）提高产品质量，适应市场需求。集中企业必要的人、财、物资源，改进和完善生产工艺，增加花色品种，扩大产品批量。

（2）努力开拓市场。进一步细分市场，扩大目标市场，开拓新市场和增加新的分销渠道。

（3）加强品牌宣传。改变广告宣传目标，由投入期以提高知名度为中心转为树立企业和产品形象，为产品争创名牌。

（4）建立高绩效的分销渠道体系。

（5）选择适当时机调整价格，提高本企业产品的竞争力。

【案例】

“酷儿”在中国

2002年的果汁饮料大战中，表现最抢眼的品牌非可口可乐旗下的“酷儿”莫属。“酷儿”在众多竞争对手中胜出，在中国区推出时间不足一年，迅速跃升至果汁市场的前三位，广州、上海、北京等城市均出现一股“酷儿”热潮，销量呈倍数增长。

“酷儿”在中国市场，细分的目标群体是6～14岁的儿童，此举跳出大部分果汁品牌针对女性市场的人群定位。“酷儿”博得了小孩子的喜爱，成为他们指定购买的果汁品牌。针对直接购买者的家长，可口可乐公司还通过理性诉求强调功能利益点：果汁里添加了维生素C及钙，这无疑给注重孩子健康的父母们吃了定心丸。酷儿果汁由此走红。顶着大大的脑袋，右手插着腰、左手拿着果汁饮料，陶醉地说着“Qoo……”的蓝色娃娃在广告和终端活动的推广下，成了家喻户晓的名人，更成为儿童最喜欢的卡通人物。

思考：

1. 2002年前后，中国果汁饮料处于产品生命周期的哪个阶段？为什么？
2. “酷儿”是用哪种标准来细分市场的？这种细分标准有何优点？
3. 从所给材料看，请你总结“酷儿”成功入市的原因。
4. 为农夫果园应对竞争设计营销组合方案。

分析：

1. 成长期。因为消费者对新产品已经熟悉，销售量增长很快；大批竞争者加入，市场竞争加剧。

2. 年龄。使划分的市场十分清晰，各细分市场的需求差别明显，区别于其他竞争对手的标准。

3. 目标市场选择准确清晰；产品成分符合市场需求；品牌形象设计生动活泼；针对直接购买者广告诉求明确，具有吸引力；终端的推广活动。

4. 选择合适的目标市场；加强产品的口味、包装设计；适当的时机调整价格；广泛铺开分销渠道；进行促销活动，增加销售。

（三）成熟期的营销策略

产品进入该时期，销售额和利润出现最高点。由于生产能力过剩，市场竞争加剧，销售增长速度缓慢甚至出现下降趋势，而此时期企业营销思想应尽量延长生命周期，使已处于停滞状态的销售增长率和利润率重新得以回升。成熟期营销活动的基本指导思想是突出一个“增”字。其主要策略如下：

（1）市场开拓。即开发新的目标市场，寻求新顾客。其方式有：发展产品的新用途，即不改变产品质量、功能而发掘产品新用途，用于其他领域，从而延长产品的生命周期；寻求新市场，相对产品原市场而言，如果原市场在本地区、本省或本国，则其他地区、外省或外国就是新市场。

（2）产品改革。即通过对产品自身作某种改进，来满足消费者不同需要，从而为消费者寻求新用途，使销量获得回升。可以从产品的特性、质量、式样和附加产品等方面进行改革。

【案例】

自行车加电瓶成为电动车。

（3）市场营销组合改革。即对产品、定价、分销渠道和促销这四个因素加以改革，以刺激销售额的回升，通常做法如降价、增加广告、改善销售渠道，以及提供更多的售后服务等。

（四）衰退期的营销策略

衰退期产品的销售和利润直线下降。衰退期营销活动的基本指导思想是突出一个“转”字。其主要策略如下：

（1）继留策略。企业不是盲目地立即撤退，而是决定留在市场内继续观察市场行情变化。

（2）丢弃策略。企业不是盲目地犹豫坚持，而是决定丢弃产品、撤出市场。

①立刻改革策略。对于企业已准备好替代的新产品，或者该产品的资金可能迅速转移，或者该产品的存在妨碍其他有发展前途的产品，应当机立断，放弃经营。

②逐步放弃策略。如果企业立即放弃该产品将会造成更大损失，则应采取逐步放弃的策略。

③自然淘汰策略。企业不主动放弃该产品，继续沿用以往营销策略，保持原有的目标

市场销售渠道，直到产品完全退出市场为止。其中可以采用把企业人财物集中到最有利的细分市场获取利润的集中策略，以及对目标市场作出调整的转移策略。

总之，是否放弃衰退期产品是企业最难作出决策的问题，首先必须能正确判断产品是否已进入衰退期；其次选择淘汰产品的最佳方式。而解决好这些问题的基础就是有健全的商情分析制度和确切的市场信息资料。

【任务互动】

任务内容：以一个企业的产品为例，说明产品生命周期的特点及策略。

任务目的：能正确运用产品生命周期原理。

任务步骤：第一步，收集资料；第二步，整体资料；第三步，提出解决方案。

【课堂思考与练习（二）】

判断题

1. “六一”儿童节礼品袋将不同的玩具、学习用品放在其中，这就是附赠品包装。(　　)
2. 产品整体概念的核心层包括了功能、质量、效用等。(　　)
3. 在现代营销学中，产品是具有一定物质形状和使用价值的物品。(　　)
4. 产品牌号（品牌）也就是商标。(　　)
5. 新产品就是我们从未见过的产品。(　　)
6. 商品的市场寿命周期和商品的使用周期是同一回事。(　　)
7. 在市场营销策略中，产品策略是最根本的策略，其他策略都是依产品策略而存在的，但这并不是说其他策略不重要。(　　)
8. 产品的市场寿命周期有多种表现形态。(　　)

项目 3　新产品开发

一、新产品的含义

【案例】

雀巢速溶咖啡最初为什么打不开市场?

20 世纪 40 年代，为了适应人们生活的快节奏，雀巢公司率先研制出了速溶咖啡并投入市场。这种速溶咖啡免去磨咖啡豆、煮咖啡等烦琐的制作工序，只要用开水一冲即可享受一杯香浓美味的咖啡，而且保持了普通咖啡的优点。但不久后雀巢公司就发现，人们仍然喜欢购买普通咖啡而不购买速溶咖啡，速溶咖啡的消费量仅占整个咖啡消费量的极小部分。

思考：

人们为什么不买速溶咖啡？速溶咖啡要打开销路，还应开展哪些营销活动？

分析：

人们不买速溶咖啡的原因是多方面的。除了产品本身的质量、包装、品牌、产品说明等问题外，还有价格、购买地点、宣传等方面的原因。速溶咖啡要打开销路，首先要对人们不买的原因进行调查，然后开展针对性营销活动。

（一）概念

所谓新产品，泛指与以前的产品在结构上、性能上、外观上完全不同的产品。现代市场营销观念下的新产品是指凡是在产品整体概念中的任何一个部分有所创新、改革和改变，并且能够给消费者带来新的利益和新的满足的产品，都可以被认为是一种新产品。

（二）要求

新产品开发的要求主要包括以下 4 个方面：

（1）要有市场；

（2）要有特色；

（3）要有效益；

（4）要有能力。

【案例】

手机由第 1 代（1G）模拟制式发展到第 2 代（2G）数字制式，再到第 3 代（3G）智能手机，今天已经进入第 4 代（4G）。

二、新产品的分类

（一）按产品研究开发过程进行分类

1. 完全新产品

完全新产品指应用新原理、新技术、新材料、新结构制造出前所未有的、能满足消费者的、具有全新功能的一种新需求的产品。它占新产品 10% 左右的比例。

2. 改进新产品

改进新产品指在原有产品的基础上进行改进，使产品在结构、品质、功能、款式、花色及包装上具有新的特点和新的突破的产品。改进产品有利于提高原有产品的质量或产品的多样化，满足消费者对产品的更高要求，或者满足不同消费者的不同需求。它占新产品 26% 左右的比例。

【案例】

五万元的建议

美国有家生产牙膏的公司，每年的营业增长率为 10% ~20% 左右，然而，最近几年则停滞下来，每个月维持同样的数字。

董事会对最近几年的业绩表现感到不满，便召开全国经理级高层会议，以商讨对策。会议中，有位年轻经理站起来对总裁说：“我手中有张纸，纸里有个建议，若您要使用我的建议，必须另付我 5 万元！”总裁听了很生气。这个年轻人解释说：“总裁先生，请别误会。若我的建议行不通，您可以一分钱也不必付。”总裁阅毕，马上签了一张 5 万元的支票给那位年轻经理。那张纸上只写了一句话：将现有的牙膏开口扩大 1mm。会后，总裁马上下令更换新的包装。

分析：

1. 现代营销学对产品的理解是：凡是提供给市场的、能满足消费者某种需要或欲望的任何有形体的实物或无形体的服务均为产品，从而具有价值。这位年轻经理的建议尽管只在纸上写了一句话，但这句话能给公司带来巨大利润，付给这位年轻经理 5 万元是非常合算的。

2. 启示：一个小小的改变，往往会带来意料不到的效果。当我们面对新知识、新事物或新创意时，千万别将脑袋密封，置之不理，应该将脑袋打开 1mm，接受新知识、新事物。也许一个新的创见，能让我们从中获得不少启示，从而改进业绩，改善生活。

3. 仿制新产品

仿制新产品指企业对国内外市场上已有的产品进行模仿生产，形成本企业的新产品。这类产品占新产品 20% 左右的比例。

4. 形成系列产品

在现有产品大类中开发出新的品种、花色、规格等，从而与原有产品形成系列，扩大产品的目标市场。这类产品占新产品 26% 左右的比例。

5. 降低成本新产品

降低成本新产品是企业通过新科技手段，削减原产品的成本，生产出保持原有功能不变的新产品。这类产品占新产品 11% 左右的比例。

6. 重新定位新产品

重新定位新产品指企业的老产品进入新的市场而被该市场称为新产品。这类产品占新产品 7% 左右的比例。

（二）按地区、范围进行分类

1. 世界性新产品

指世界上第一次试制成功，并生产和销售的产品。

2. 全国性新产品

指在国内试制生产并投入市场的产品。

3. 地区性新产品

指在其他地区已投入生产，但本企业所在地区是首次试制成功并投入市场的产品。

4. 企业新产品

指企业采用引进或仿制的方法首次生产和销售的产品。

【案例】

放映机由录像机变 VCD，再由 VCD 变 DVD，现在又推出了蓝光播放器。

三、新产品的发展趋势

（1）新产品的科技含量不断提高。企业必须在新产品开发中投入更多的科研力量，使之转化成更多的知识经济技术成果，确保新产品更加完美，更具有市场竞争力。

（2）新产品多样化。由于消费者的需求层次不同，喜好也不同，而且复杂多变，因而新产品开发应做到多样化，适应市场的发展趋势，以满足消费者多层次的需求。

（3）产品更美观，更舒适，更适用。消费者的物质文化生活水平不断提高，使得对产品的要求朝着舒适性、艺术性、功能更齐全的方向发展。

（4）“绿色产品”的发展。随着社会公众优化环境意识的提高，“绿色”消费迅速普及，因此开发新产品时，除严格做到无污染外，还要注意保护环境，维护生态平衡。

四、新产品的开发程序

一个新产品从独立构思到开发研制成功，其过程主要经历8个阶段：创意构思、创意的筛选、概念发展和形成、概念的鉴定、市场分析、产品研发、市场试销和商业生产。

1. 创意构思

构思是指对一个新产品的设想，是新产品开发的起点。创意、设计并产生一个好的新产品，构思是新产品成功的关键。企业通常可以从企业内部和企业外部寻找新产品创意的来源。而寻求创意的主要方法有以下几种：产品属性列举法，指将现有产品的属性一一列出，寻求改良这种产品的方法；强行关系法，指列出多个不同的产品或物品，然后考虑它们彼此之间的关系，从中启发更多的创意；调查法，即向消费者调查使用某种产品时出现的问题或值得改进的地方，然后整理意见，转化为创意；头脑风暴法，即选择专长各异的人员进行座谈，集思广益，以发现新的创意。

2. 创意的筛选

采用适当的评价系统及科学的评价方法对各种创意进行分析比较，选出最佳创意的过程。在这过程中，力求做到除去亏损最大和必定亏损的新产品构思，选出潜在盈利大的新产品创意。

3. 概念发展和形成

概念发展和形成是企业从消费者的角度对产品创意进行详尽的描述，即创意具体化，描述出产品的性能、具体用途、形状、优点、价格、提供给消费者的利益等。同时将筛选出的创意发展成更具体、更明确的产品概念，试制转变成真正的产品，而试制一般包括样品试制和小批量试制。

4. 概念的鉴定

新产品概念形成后，须进行全面鉴定，对新产品从技术和经济上作出评价。鉴定的内容主要包括：设计文件的完整性和样品是否符合已批准的技术文件；样品精度与外观质量是否符合设计要求，并进行有关试验；对质量、工艺、经济性进行评价，研究改进意见、编写鉴定书。新产品只有通过鉴定合格，才可进行定型并正式生产产品。

5. 市场分析

对新产品估计的销售量、成本和利润等财务情况，以及消费者满意程度、市场占有率等情况进行综合分析，判断该产品是否满足企业开发的目标。

6. 产品研发

产品研发主要解决产品构思能否转化为在技术上和商业上可行的产品。它通过对新产品的设计、试制、测试和鉴定来完成。

7. 市场试销

将正式产品投放到有代表性的小范围市场上进行试销，旨在检查该产品的市场效应，然后决定是否大批量生产。通过试销可为新产品能否全面上市提供全面、系统的决策依据，也为新产品的改进和市场营销策略的完善提供启示。有许多产品是通过试销改进后才取得成功的，但并非所有的新产品都要经过试销，可根据新产品的特点及试销对新产品的利弊分析来决定。如果试销市场呈现高试用率和高再购率，表明该产品可以继续发展下去；如果市场呈现高试用率和低再购率，表明消费者不满足，必须重新设计或放弃该产品；如果市场呈现低试用率和高再购率，表明该产品很有前途；如果试用率和再购率都很低，表明该产品应当放弃。

8. 商业生产

新产品试销成功后，就可以正式批量生产，全面推向市场。而企业在此阶段应在以下几方面作好决策：①何时推出新产品。在什么时候将新产品推入市场最适宜，针对竞争者而言，可以作三种选择：首先进入、平行进入和后期进入。②何地推出新产品。企业要选择好营销区域，划分重点区域和一般区域。③向谁推出新产品。企业把分销和促销目标面向最理想的消费者，利用他们带动其他消费者。④如何推出新产品。企业要制订较为完善的营销综合方案，有计划地进行营销活动。

小思考

收集摩托罗拉公司有关产品策略的信息资料。如果你是公司的推销员，应该在公司开发新产品过程中做些什么工作？了解摩托罗拉公司是何时进入中国市场的？在中国市场上，该公司的产品策略有何创意？在与其他公司的竞争中有何成功的经验？

五、新产品的推广策略

人们对新产品的接受过程，存在一定的规律性，西方学者总结归纳为五个阶段，即“认识—说服—决策—实施—证实”。根据这些阶段的特点，在推广新产品时可以采取以下几种策略。

1. 市场导向策略

新产品投放市场，促销活动重点应该是向消费者宣传和介绍产品的用途、性能、质量，其主要手段可采用报刊、杂志、广告、新闻媒体等，引导和说服消费者购买新产品。

2. 技术领先型策略

企业以掌握的先进技术，生产出具有科技含量较高的新产品，推入市场时着重展示产品的技术含量。

3. 竞争性模仿策略

新产品进入市场时可以采纳或模仿成功品牌经验。如外形、色彩、营销策略等。

4. 综合型策略

新产品投入市场时可采用市场导向、技术导向、竞争性模仿等策略相结合起来使用。

【任务互动】

任务内容：乳品公司打算生产一种富有营养的适合老年人的饮用奶品。

任务目的：了解新产品开发的程序。

任务步骤：第一步，市场调查；第二步，收集资料；第三步，提出构思方案。

【课堂思考与练习（三）】

1. 企业新产品开发应遵循哪些原则？
2. 简述新产品的开发策略。

项目 4　品牌与包装

一、品牌与品牌策略

（一）品牌

品牌与包装都是产品整体观念的重要组成部分。品牌又称为产品的牌子，它是一个名称、名词、符号或设计。

品牌是制造商或经销商加在产品上的标志，用来区别本企业与同行业其他企业同类产品的商业名称。

【案例】

中国宝洁旗下品牌：海飞丝、潘婷、沙宣、伊卡璐、佳洁士、碧浪、汰渍、帮宝适、护舒宝、舒肤佳、玉兰油、激爽、封面女郎、飘柔。其中洗发水品牌有：海飞丝、潘婷、沙宣、伊卡璐、飘柔。

1. 品牌概念

品牌是一个集合概念，是用来识别企业的产品或劳动的名称、符号、象征、设计或它们的组合所构成的，它包含品牌名称、品牌标志等概念。

2. 品牌名称

品牌名称指品牌中可以用语言来称呼和表达的部分。

3. 品牌标志

品牌标志指品牌中可被识别而不能用语言表达的特定标志，包括专门设计的符号、图案、色彩、文字等。

4. 品牌作用

从消费者角度看，首先是可以帮助消费者识别和购买商品。其次是便于消费者对产品质量进行监督，有效维护自身利益。

从销售者角度看，第一，品牌是产品竞争的有力武器。第二，有助于产品促销。第三，注册商标受法律保护。一旦在市场上发现假冒商品，可依法追究、索赔，保护本企业的利益。第四，有助于监督、提高产品质量。第五，好的品牌是企业宝贵的无形资产。

从社会角度看，第一，树立品牌意识是公众监督的重要手段，可促使产品质量的不断提高。第二，可加强社会的创新精神。第三，可保护企业间的竞争，促使整个社会经济健康发展。有利于企业进行广告宣传、促销活动和树立企业以及产品形象。第四，有利于创立名牌商品。

（二）商标

1. 商标概念

商标是一个专门的法律术语，品牌或品牌的一部分在政府有关部门依法注册登记后，获得专用权，受到法律保护的，称为商标。经注册登记的商标有“R”标记，或“注册商标”的字样。

2. 商标特征

商标是商品或服务的标记、标志。非商品上的图案、符号、标记都不是商标。

商标也是受到法律保护的产权标志，是经商标局核准注册而取得的特殊权利，具有独占性，不容他人或企业侵犯。

商标是生产者或经营者的标志，区别于其他商品，它是企业声誉和评价的象征。

（三）商标与品牌的联系与区别

联系：商标的实质是品牌，两者都是产品的标记。

区别：品牌既可以是商品的牌子，又可以是企业的牌子；并非所有的品牌都是商标，品牌与商标可以相同也可以不同；商标必须办理注册登记，品牌则无须办理；商标是受法律保护的品牌，具有专门的使用权。

（四）品牌策略

品牌策略即企业如何合理地使用品牌，发挥品牌积极作用的问题。具体有以下可采取策略的情形：

1. 有品牌和无品牌

采用品牌对大部分产品来说可以起积极作用，但是并不是所有产品都必须采用品牌，采用品牌需要一定的费用，而采用品牌可能对促进销售的作用很小。

2. 生产者品牌与经销商品牌

由于消费者对所要购买的产品并不具备充分的选购知识，所以消费者在购买产品时除了以产品生产者的品牌作为选择依据外，还会根据经销者的品牌来选择，即在什么商店购买。由于消费者希望购买具有良好信誉的商家出售的产品，因此产品制造者就需衡量品牌在市场上的声誉，在采用谁的品牌上作出选择。一般而言，如果企业在一个新的市场上销售产品，或者市场上本企业的信誉不及其经销者的信誉，则适宜采用经销者的品牌，等到这种产品已为市场接受，取得消费者信任后，也可以转而使用生产者的品牌，或者同时使用经销者品牌和生产者品牌。

3. 统一品牌和个别品牌

统一品牌，即企业对其全部产品使用同一个品牌。这种策略的好处是节省品牌的设计费用，有利于消除消费者的不信任感，壮大企业的声誉。但采用这种策略应注意以下几点：这个品牌在市场上已有较好的声誉；各种产品应具有相同的质量水平；产品应属于同一细分市场，否则会造成损害企业的信誉和品牌的错位。

而采用个别品牌，即对各种产品分别采用不同的品牌，如果企业的产品类型较多，产品线之间的关联程度较小，企业生产产品有较大差别，采用个别品牌的策略较为有利。

也可以把统一品牌和个别品牌相结合，拥有多条生产线或者具有多种类型产品的企业可以考虑该策略。

4. 多品牌

多品牌策略，即指企业在同类产品中同时使用两种或两种以上品牌。可以给企业带来几方面的利益：一是可以增加品牌的陈列面积，增加零售商对产品的依赖性；二是可以吸引喜好新牌子的消费者；三是使组织内部直接产生竞争，有利于提高企业的工作效率和管理准备效率；四是可以满足不同细分市场的需要，为提高总销售量创造条件。其存在的风险是：使用的品牌量过多，导致每种产品的市场份额很小，使企业资源分散，而不能集中在少数几个获利水平较高的品牌上。

二、包装与包装作用

（一）包装的概念

包装是指产品的容器或外部包扎物，是产品策略的重要内容，有着识别、便利、美化、增值和促销等功能，是产品整体概念的重要组成部分。产品包装是一项技术性和艺术性很强的工作，通过对产品的包装可以达到多种效果。包装设计应适应消费者心理，显示产品的特色和风格，包装形状、大小应为运输、携带、保管和使用提供方便。

（二）包装的作用

作为商品生产的最后一道工序和产品的外衣，包装的作用主要体现在以下几方面：

1. 保护商品

这是包装最基本的作用。保护商品质量完好和数量完整，是商品包装最原始、最基本的目的。商品在从生产领域向消费领域转移的过程中，要经过多次运输和储存，其间会出现震动、挤压、碰撞、日晒等情况，如果没有包装或包装不好，就会造成一些不必要的损失。

2. 方便使用

适当的包装方便运输、携带和储存。产品的物质形态有气态、液态、固态、胶态等，它们的物理性和化学性也各异，可能是有毒的，也可能有腐蚀性或易挥发、易燃、易爆等，外形上可能有棱角、刃口等危及人身安全的因素，进行合理的包装，便于商品的运输，从而节省流通时间及降低运输费用。经过合理包装的产品，也便于储存和点检，有利于仓库作业，合理堆砌，保护商品品质，同时便于计数，有利于管理。

3. 促进销售

商品包装被人们喻为“无声推销员”，有利于美化商品，促进销售。产品采用包装后，首先进入消费者视觉的往往不是产品本身，而是包装。能否引起消费者的兴趣和激发购买动机，在一定程度上取决于产品的包装。产品经过包装，尤其加上装潢后，商品外观更加美化，一个好的包装还可以增加产品的价值，引起或刺激消费者的兴趣，从而促进产品的销售。

4. 增强竞争力

不同产品采用不同包装，或同类产品不同厂家和不同品牌采用不同的包装，可以使消费者易于识别。同时，通过产品包装，企业可以与竞争者的同类产品有所不同，不易仿制和伪造，有利于维护企业信誉，增强企业竞争力，提高经济效益。

5. 增加利润

首先在运输过程中，包装能减少损坏、变质等情况，减少损耗，从而减少支出，增加利润；其次在销售中，由于可以刺激消费者的消费，使销售量增加，进而也增加利润。

（三）包装的策略

1. 类似包装策略

类似包装也称统一包装、产品线包装，即指企业所生产的各种不同产品，在包装上采用共同的图案、近似的色彩或共同的特征，使消费者容易发现是同一家企业的产品。类似包装具有采用统一品牌策略的好处，可以节省包装设计的成本，有利于提高企业的整体声誉，特别是有利于新产品进入市场。但如果企业产品品质相差太大，则不宜采用这种策略。

2. 等级包装策略

即按照产品的价值、品质、分成若干等级，并实行不同的包装，使包装与产品的价值相称。比如优质包装与普通包装，豪华包装与简易包装等，有利于消费者辨别产品的档次差别和品质的优劣。它适用于产品相关性不大，产品档次、品质比较悬殊的企业，其优点是能体现产品的特点，并与产品质量协调一致；缺点是增加包装设计成本。

3. 组合包装策略

指把使用时相互关联的多种商品纳入一个包装容器中，同时出售。比如家用药箱、针线包、工具包等。这种策略不仅有利于充分利用包装容器的空间，而且有利于同时满足同一消费者的多种需要，扩大销售量。

4. 复用包装策略

指在原包装的产品使用完后，其包装物还可以作其他用途。这样可以利用消费者一物多用的心理，使他们得到额外的使用价值；同时，包装物在使用过程中，也可起到广告宣传的作用，诱发消费者购买或引起重复购买。

5. 附赠品包装策略

指在商品包装物内附赠给购买者一定的物品或奖券。

6. 更换包装策略

指对原商品包装进行改进或更换，重新投入市场以吸引消费者；或者原商品声誉不是太好，销售量下降时，通过更换包装，重塑形象，保持市场占有率，采取该策略可以重塑产品在消费者心中的形象，改变一些不良影响，但对优质名牌产品不宜采用这种策略。

【案例】

成语“买椟还珠”的故事：楚国有人到郑国卖珠宝，用上好的木料做了一只盒子，还给盒子熏上桂椒的芳香，缀上珠玉、翡翠，画上鲜艳的玫瑰。结果有人出高价买了盒子，而将盒子里的珍珠还给了卖珠宝的人。人们常用“买椟还珠”这个成语比喻那些舍本逐末、失当的人。请运用市场营销学原理，谈谈你的看法。

分析：

在商品经济不发达的过去，用“买椟还珠”这个成语比喻那些舍本逐末、取舍失当的人，并无不妥。在商品经济发达的今天，如果我们运用市场营销学原理来看待“买椟还珠”这个成语，那就具有了新的意义，它充分说明了商品包装在促销中的重要作用。

【模块小结】

产品是指能够在市场上得到的、用于满足人们欲望和需要的任何东西，包括五个层次有机结合的系统。产品组合是指一个企业生产或经营的全部产品线产品项目的结构，它包括四个变数，即产品组合的宽度、长度、深度和关联度。产品市场生命周期是指一种产品从投入市场开始到退出市场为止的周期性变化的过程。新产品是指企业向市场提供的较原先已经提供的有根本不同的产品。品牌是用来识别一个（或一群）卖主的货物或劳务的名称、名词、符号、象征或设计，从而与其他竞争者相区别。包装具有保护产品、提供方便、易于识别、增加利润等功能。

【练习题】

一、单项选择题

1. 产品整体概念中，最基本的部分是（　　）。

A. 附加产品　　B. 形式产品　　C. 核心产品　　D. 期望产品

2. 产品的式样属于（　　）。

A. 核心产品　　B. 形式产品　　C. 延伸产品　　D. 潜在产品

3. 一个企业的产品组合中所包含的产品项目的总数称为产品组合的（　　）。

A. 宽度　　B. 长度　　C. 深度　　D. 关联度

4. 某公司原来生产高档产品，后来又发展中低产品，这种产品延伸的策略是（　　）。

A. 向上延伸　B. 向下延伸　C. 双向延伸　D. 产品线扩充

5. 提供免费送货、安装、保养等项目属于产品整体概念中的（　　）。

A. 期望产品　B. 形式产品　C. 核心产品　D. 延伸产品

6. 企业利用其成功品牌的声誉来推出改良产品或新产品，称之为（　　）。

A. 品牌扩展　B. 品牌转移　C. 品牌更新　D. 品牌再定位

7. 对于生产经营不同质量等级产品的企业，应采用（　　）包装策略。

A. 类似　B. 等级　C. 分类　D. 配套

8. 企业决定其各种不同的产品分别使用不同的品牌名称，这种品牌策略是（　　）策略。

A. 个别品牌　B. 统一品牌　C. 分类品牌　D. 企业名称加品牌

9. 以低价格和高促销费用推出新产品，以迅速扩大销售量，取得较高的市场占有率，这种策略叫作（　　）。

A. 快速掠取　B. 缓慢掠取　C. 快速渗透　D. 缓慢渗透

10. 新产品上市后，销售量迅速增长，利润也显著上升，这时期属于产品市场生命周期的（　　）。

A. 介绍期　B. 成长期　C. 成熟期　D. 衰退期

11. 面对处于衰退期的产品，企业把资源集中在最有利的细分市场和销售渠道上，从中获取利润。这种策略属于（　　）。

A. 转移策略　B. 集中策略　C. 缩减策略　D. 放弃策略

12. 新产品开发过程是从（　　）开始的。

A. 新产品构思　B. 市场调查　C. 访问用户　D. 营业分析

13. 大多数企业开发新产品是改进现有产品而非创造（　　）。

A. 换代产品　B. 全新产品　C. 仿制产品　D. 最新产品

14. 快速掠取决策的特点是（　　）。

A. 采取高价格、高促销费用　B. 采取高价格、低促销费用

C. 采取低价格、高促销费用　D. 采取低价格、低促销费用

二、多项选择题

1. 产品包装的作用有以下几方面（　　）。

A. 美化产品　B. 保护产品　C. 促进销售

D. 增加产品价值　E. 方便生产

2. 产品进入成熟期的营销策略有（　　）。

A. 市场改进策略　B. 产品改进策略

C. 集中策略　D. 营销组合更正策略

3. 产品整体概念的三个主要层次，是（　　）。

A. 产品核心　B. 有形产品　C. 劳动产品　D. 附加产品

4. 商品市场生命周期在进入期的营销策略是快速掠取、缓慢掠取、快速渗透和缓慢渗透，其含义依次是（　　）。

A. 高价格、低促销　　B. 低价格、高促销

C. 高价格、高促销　　D. 低价格、低促销

5. 下列（　　）属于形式产品。

A. 使用价值　　B. 造型　　C. 款式　　D. 售后服务

6. 按产品之间的销售关系划分产品的类型，可将产品划分为（　　）。

A. 独立产品　　B. 半耐用品　　C. 替代产品　　D. 互补产品

7. 下列属于成熟期的特点是（　　）。

A. 消费者对产品不熟悉，广告促销费较高

B. 销售额迅速增长

C. 市场需求趋向饱和，销售量和利润达到最高点

D. 竞争最为激烈

8. 新产品的构思可以来自于（　　）。

A. 顾客　　B. 竞争对手　　C. 科学家

D. 推销员　　E. 中间商　　F. 市场研究公司

9. 品牌是一个集合概念，它与（　　）等概念有密切关系。

A. 品牌名称　　B. 品牌标志　　C. 商标

D. 厂牌　　E. 包装　　F. 价格

10. 构成产品整体概念的层次有（　　）。

A. 核心产品　　B. 形式产品　　C. 新的产品

D. 延伸产品　　E. 潜在产品

11. 企业的产品组合有一定的（　　）。

A. 宽度　　B. 长度　　C. 高度　　D. 深度　　E. 相关度

12. 产品市场生命周期成长期的主要特点是（　　）。

A. 销售额达到顶峰　　B. 利润迅速上升　　C. 竞争者逐渐增多

D. 顾客对产品已经熟悉　　E. 销售额迅速上升

13. 典型的产品市场生命周期阶段主要包括（　　）。

A. 导入期　　B. 成长期　　C. 淘汰期

D. 成熟期　　E. 衰退期

14. 对于产品市场生命周期衰退阶段的产品，可供选择的营销策略是（　　）。

A. 集中策略　　B. 扩张策略　　C. 维持策略

D. 榨取策略　　E. 转移策略

15. 新产品开发过程包括（　　）。

A. 营业分析　　B. 市场调查　　C. 产品概念形成与测试

D. 初拟营销计划　　E. 市场试销

16. 企业决定使用自己的品牌，这种品牌叫作（　　）。

A. 企业品牌　　B. 私人品牌　　C. 生产者品牌

D. 中间商品牌　　E. 全国性品牌

17. 产品延伸决策的具体做法有（　　）。

A. 向上延伸　　B. 向下延伸　　C. 双向延伸

D. 向左延伸　　E. 向右延伸

18. 商品包装的构成要素有（　　）。

A. 形状　　B. 颜色　　C. 材料

D. 图案　　E. 商标或品牌

19. 包装的营销作用主要表现在（　　）。

A. 增加美感　　B. 保护商品　　C. 便于储运

D. 促进销售　　E. 增加盈利

三、填空题

1. 菲利普·科特勒将产品整体概念表述为五个层次，即（　　）、形式产品、期望产品、附加产品和（　　）五个层次。

2. （　　）指产品的基本效用或功能，是顾客选购产品首先考虑的因素。

3. （　　）是产品的有形部分，是核心产品在市场上出现的面貌，是核心产品的表现形式，包括品质、品牌、商标、包装、颜色、规格、型号等。

4. （　　）指用户在购买产品时所期望得到的，同产品密切相关的一整套属性和条件，如方便、快捷、周到的服务条件。

5. （　　）是指现有产品包括所有附加产品在内的、可能发展成为未来最终产品的潜在状态的产品。

四、名词解释

1. 核心产品
2. 产品组合
3. 产品市场生命周期
4. 品牌
5. 包装

五、简答题

1. 简述新产品的开发程序。
2. 简述包装决策的主要类型。
3. 简述品牌有哪些策略。
4. 简述产品在介绍期时应采取什么策略？

【技能实训】

1. 实训名称：整体产品设计

2. 实训目的：通过实训，熟悉产品的整体概念、产品市场生命周期、产品组合、新产品开发、品牌与包装等策略的原理与应用。

3. 实训组织：

(1) 人员：4～5 人组成小组，选定小组长，以小组为单位进行训练。

(2) 时间：与课程模块六教学同步。

(3) 地点：多媒体教室或营销实训室。

4. 实训要求：

(1) 设计下列产品的整体概念的五个层次：化妆品、手机、电脑、饮料、汽车。

(2) 判断所选择产品处于生命周期的什么阶段。

(3) 判断所选择产品有何进一步开发的机会。

(4) 判断所选择产品的品牌能否延伸、包装可否进一步调整。

(5) 每个小组写出书面报告。

5. 实训评价：

(1) 小组互评。

(2) 教师点评。

模块七　定价策略

【知识目标】

1. 了解影响企业定价的主要因素
2. 理解营销定价目标
3. 掌握定价方法和定价策略

【技能目标】

1. 了解需求价格弹性的含义，影响定价的内部因素和外部因素
2. 领会成本对定价的影响、需求对定价的影响、竞争对定价的影响
3. 掌握企业的主要定价目标、定价程序
4. 了解企业的主要定价方法
5. 领会新产品的定价策略，包括心理定价策略、折扣价格策略、促销定价策略、产品组合定价策略
6. 针对企业具体情况设计定价策略，能正确运用定价策略去占领目标市场

【引导案例】

"安静的小狗"牌便鞋

美国一家生产猪皮便鞋的公司，在生产一种名叫"安静的小狗"牌的便鞋时，他们首先将100双这种便鞋送给100位顾客试穿，经过8周的试穿后，便通知顾客说："公司准备收回鞋子，不过你想留下也行，但每双须付5美元。"

思考：

该公司是不是真的要收回那5美元的鞋子？

分析：

该公司并不是真的要收回那5美元的鞋子。"醉翁之意不在酒"，其目的是为了弄清这个价格在消费者心理上是否被接受。如果大多数顾客都愿意留下，则说明顾客是喜欢这种鞋子的，并且愿意支付每双5美元或更高一点的价钱。如果大多数顾客都不愿意留下，则说明顾客不喜欢这种鞋子，嫌价钱太高。由此带来的启示是，企业定价能否得到消费者在心理上的认可，是企业能否开拓市场、占领市场的重要一环。

项目 1　影响商品定价的主要因素

一、企业定价的依据

企业定价的依据是价值规律。

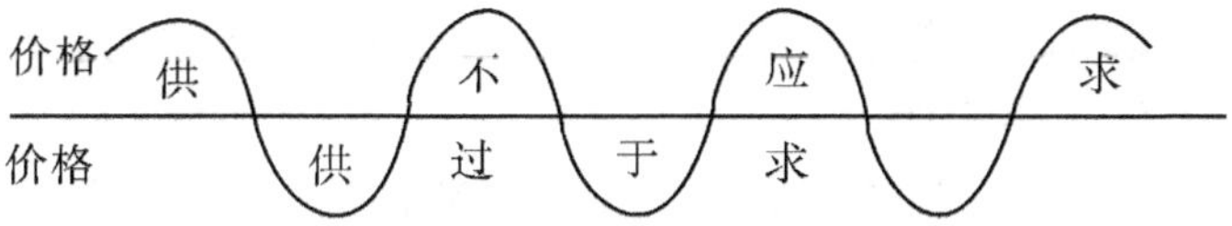

（1）价值是价格形成的基础。
（2）价格是价值的货币表现。
（3）供不应求时，价格高于价值；供过于求时，价格低于价值。

价格与供求的关系
- 供求 —影响→ 价格 ——→ 价格围绕价值上下波动
- 价格 —影响→ 供求 ——→ 供不应求；供过于求

（4）价格总是以价值为中心并围绕着价值上下波动。

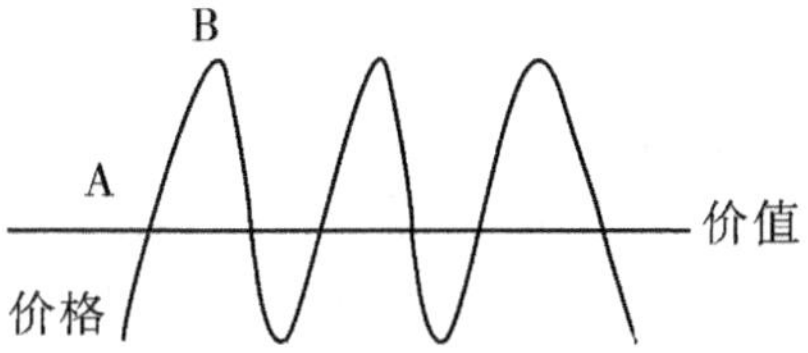

二、影响企业定价的因素

企业定价是市场营销组合中最难确定的一个部分。现实中商品价格的制定还受到商品成本、市场状况、货币价值和流通量、国家的物价政策等多方面因素的影响和制约，企业应给予充分的重视、全面的考虑和进行综合的分析。

（一）商品成本

成本是企业定价的最低界线。实际定价中，首先考虑的是商品成本，它是商品定价的基础。商品成本应该包括生产成本、销售成本、储运成本、共同成本等，这是保证企业生存和发展的最基本条件。

（二）商品的特点

1. 商品种类

日用必需品、选购品、特殊品、威望与地位性商品、功能性商品，不同种类对价格有不同的要求。购买功能性商品如营养品、家用工具等，消费者着重考虑商品的实用价值与功能是否与价格相符，而对威望性商品，消费者较少考虑价格与效用的适应，而注重其地位和威望的显示。

2. 标准化程度

标准化程度高的商品价格变动的可能性低于标准化程度低或非标准化的商品。

3. 商品易腐、易毁和季节性

一般易腐、变质且不宜保管的商品价格变动可能性高，如生鲜商品。此外，体积大、重量大的商品在异地消费价格会产生影响。

4. 时尚性

时尚性强的商品价格变动较为显著。一般在时潮的高峰阶段，价格应定高些。许多日用消费品具有较强的时尚性，一般生产资料（工业品）缺少时尚性。

5. 生命周期阶段

产品生命周期长短和不同周期阶段对定价都有影响。如进入期定价不宜过高，而成长期和成熟期价格应趋于稳定。

（三）需求价格弹性

不同产品的需求弹性不同，企业的定价也应不同。需求弹性主要包括以下 5 种情况：

1. 需求缺乏弹性（$0<Ed<1$）

缺乏弹性，弹性系数绝对值小于 1，价格波动对需求影响较小。价格变动为 1%，需求变动小于 1%。在这种情况下，需求量变动的比率小于价格变动的比率。生活必需品如粮食、蔬菜等属于这种情况。价格下降时，需求量（以及销售量）增加的幅度小于价格下降的幅度，企业限制较高的定价对企业有利。这个结论可以解释“谷贱伤农”的现象。

2. 需求富有弹性（$1<Ed<\infty$）

富有弹性，也就是弹性系数绝对值大于 1，这一类商品价格变化时，引起的需求量较大，如果价格变动为 1%，那么需求变动将超出 1%。也就是价格对需求的影响明显。在这种情况下，需求量变动的比率大于价格变动的比率。奢侈品如汽车、珠宝、国外旅游等，属于这种情况。价格下降时，需求量（以及销售量）增加的幅度大于价格下降的幅度，企业采取低价销售有利。这个结论可以解释“薄利多销”这类现象。

现实中常见的是上面两种情况。以下三种情况是需求弹性的特例，在现实生活中是很少见的。

3. 需求完全无弹性（$Ed=0$）

弹性系数等于 0 称之为完全无弹性，不管价格的变动，需求是不变的，如食盐。在这种情况下，无论价格如何变动，需求量都不会变动。例如，糖尿病人对胰岛素这种药品的需求就是如此。

4. 需求完全有弹性（$Ed=\infty$）

弹性系数为无穷的时候称之为完全有弹性，没有主观客观区别，随市场的销售，如同一质量的玉米、大豆。在这种情况下，当价格为既定时，需求量是无限的。例如，银行以一固定价格收购黄金，无论有多少黄金都可以按这一价格收购，银行对黄金的需求是无限的。

5. 单位需求弹性（$Ed=1$）

单位需求弹性，也就是弹性系数绝对值等于1，这一类的商品价格变化时将使需求量产生同程度的反方向变动。价格变动为1%，那么需求也为1%。即价格变动幅度与销售量变动幅度大小一致，方向相反，总收入不变。企业不宜采用价格手段进行竞争。

需求的价格弹性系数公式为：

$$需求的价格弹性系数=\frac{需求量变动百分比}{价格变动百分比}$$

即：

$$Ed=\frac{\Delta Q/Q}{\Delta P/P}$$

以上公式中假设 Q 为某商品的需求，P 为该商品的价格，ΔQ、ΔP 分别表示 Q、P 的变量。

还可以通过图7－1来看需求弹性的分类：

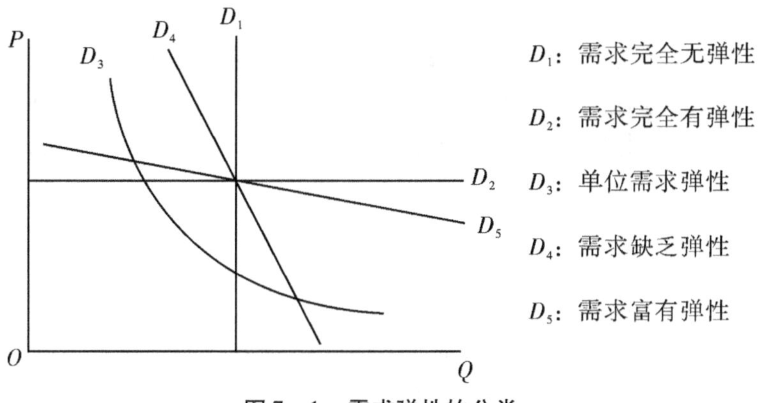

图7－1 需求弹性的分类

（四）市场供求因素

1. 供过于求

供过于求时，适宜采用降价措施。

2. 供不应求

供不应求时，企业应适当地提价以获得较多利润。

（五）市场竞争状况

1. 完全竞争

买卖双方都只是“价格的接受者”，而不是“价格的决定者”，价格完全由供求关系决定，各自的行为只受价格因素的支配，企业没必要去专门策划和实施促销活动。完全竞争条件只存在于理论上，在现实市场中是不存在的。

2. 完全垄断

整个行业只有唯一的供给者。理论上讲，垄断企业有完全自由定价的可能。在现实中，这种情形极少见，除国家政府特许的垄断企业外，诸如公用事业、专利产品等价格也受到消费者情绪及政府干预等方面的限制。

3. 垄断竞争

既含独占倾向又含竞争成分的的常见状况，不同于完全竞争。众多卖方企业的产品在质量、外观、花色、式样、包装、品牌等存在着差异，某些企业依仗“差异”（包括产品差异和利用促销手段造成的消费者心理差异）的优势，由价格的消极“接受者”变为价格强有力的“决定者”。

4. 寡头垄断

少数几个企业控制一个行业的供给，各个“寡头”之间相互依存、影响，一个“寡头”企业调整价格都会引起其他寡头的连锁反应，因此，寡头企业之间互相密切注意着对方战略的变化和价格的调整。比如石油行业就是如此。

（六）政府的干预程度

宏观控制货币发行，财政收支，信贷、积累与消费的关系影响价格总水平；采取国家定价、国家指导价、市场调节价三种价格形式，并以法令形式规定了企业的定价权限。目前，国家定价部分的比例已很小，比如涉及铁路、邮政等部门的服务收费由国家定价。随着市场经济的发展，政府对价格的干预程度趋向更低。

（七）消费者心理因素

消费者心理分为冲动型、理智型、习惯型。需求曲线的一般变动模式，是传统的“理性购买”模式，但事实上，在实际生活中冲动型和习惯型消费者在专业知识不足或者资料掌握不多的情况下，常常以价格作为衡量质量的标准，企业定价高有时反而会增加需求。

（八）企业状况

1. 企业的规模与实力

规模大、实力强的企业在价格制定上余地大，规模小、实力弱的企业生产成本一般高于大企业，在价格制定上往往比较被动。

2. 企业的销售渠道

渠道控制有力、控制程度高的大企业价格决策可以有较大的灵活性。

3. 企业的信息沟通

信息畅通、与消费者保持良好关系的企业可适时调整价格并得到消费者的理解和认可。

4. 企业营销人员的素质和能力

拥有熟悉生产经营环节、掌握市场销售和供求变化等情况，并具备价格理论知识和一定实践能力的营销人员，是企业制定出最有利价格和适当调整价格的必要条件。

【任务互动】

任务内容：企业定价的影响因素。

任务目的：明确企业定价的因素有哪些。

任务步骤：第一步，选择不同的行业产品三种；第二步，分析定价影响因素。

任务建议：采用小组讨论教学法。

【课堂思考与练习（一）】

单项选择题

某商品价格上浮2%，其需求量下降10%，该商品的需求的价格弹性是（　　）。

A. 缺乏弹性　　B. 富有弹性　　C. 单位弹性　　D. 无限弹性

项目2　定价方法

商品价格的高低主要受成本费用、市场需求和竞争状况三方面因素的影响和制约。企业所定的价格，必定是介于两个极端（一端为低到没有利润的价格，另一端为高到无人问津的价格）之间。定价的三个主要考虑因素：①产品成本是定价的下限；②消费者对产品价值的感受是定价的上限；③企业必须考虑竞争者的价格及其他内在和外在因素，在两个极端间找到最适当的价格。

企业选择的定价方法应包含这三个考虑因素的一个或一个以上。一般而言，企业应先选择定价方法，再决定一个最终的价格。

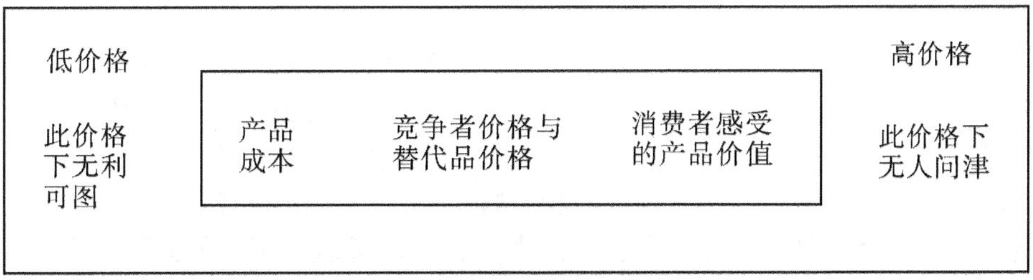

图7-2　企业选择定价的考虑因素

一、成本导向定价法

成本导向定价法以产品成本作为定价的主要因素和基本依据。它是一种以成本为中心的定价方法，也是传统的、运用得较普遍的定价方式。具体形式主要有完全成本加成定价法、边际贡献定价法、盈亏平衡定价法和目标利润定价法。

1. 完全成本加成定价法

以企业的完全成本为计算基础，加上一定的利润和税金来制定价格。

价格一般由三部分组成：①在生产过程中消耗掉的生产资料的价值（C）；②劳动者为自己创造的价值（V）；③劳动者为社会创造的价值（M）。

C 和 V 构成商品的成本，而 M 则意味着盈利。在产品的成本和价值之间，可以有无数个销售价格，但是，成本价格是销售价格的下限，如果商品定价低于这个下限，企业不仅无利可图，而且连简单的再生产也无法维持。所以，在为商品定价时，企业应首先考虑产品的价值（成本＋盈利）这个因素。

成本加成率因商品的不同而有很大的差异，一般超市加成率大约是这样的：婴儿食品约9%，烟草产品约20%，面包产品约20%，干燥食品与蔬菜类约27%，香料约37%，贺卡约50%。以上这些商品加成率的范围变动也很大，以香料类为例，其零售价格的加成由最低19%至最高56%不等。

商品售价＝完全成本×（1＋成本加成率）

生产企业：完全成本＝单位生产成本＋销售费用

商业企业：完全成本＝进价＋流通费用

【案例】

某企业生产一种皮鞋，单位销售成本为100元，按30%的综合加成率计算，该皮鞋售价为100×（1＋30%）＝130元。采用这种方法定价的关键是综合加成率的确定。如考虑不周，产品定价太高或太低都可能给企业造成不应有的损失。

2. 边际贡献定价法

所谓边际贡献定价法，就是企业在定价时，只考虑变动成本的一种定价方法。

我们把产品单价减去产品单位变动成本后的余额，叫作边际贡献或边际收入，其作用是补偿固定成本。当产量达到盈亏平衡点时，说明固定成本补偿完毕，企业做到了收支平衡。可见，只要边际贡献大于零，每多出售一件产品，就能对固定成本有所补偿。在市场竞争激烈、企业订货不足、存在剩余生产能力时，可以考虑采用边际贡献定价法。

这一定价法不计算固定成本，而以单位变动成本作为定价的基本依据。一般是在市场竞争激烈时，企业为迅速开拓市场而采用的较灵活的做法。这种方法极易掌握降价幅度，售价只需高于变动成本即可，有利于企业选择和接受市场价格，提高企业的竞争能力。

边际成本是增加1单位产量所增加的总成本量。

边际成本 =（增加一单位产品成本后的总成本 - 原来的总成本）/（增加一单位产品后的产量 - 原来的产量） = 总成本增量/产量增量

进一步计算产品定价为：

单位产品定价 =（原产品产量 × 原销售价格 + 边际成本）/现定生产量

【案例】

某企业生产电动自行车的能力为每年 1 000 辆，固定成本为 50 万元，单位变动成本为 1 000 元，产品原售价为每辆 2 000 元。目前订货只有 600 辆，生产能力有闲置。一家外商提出订购 200 辆，出价只有每辆 1 400 元。问这笔订货是否可以接受？

分析：

从表面看，单位产品总成本为 500 000 ÷ 1 000 + 1 000 = 1 500 元，外商出价 1 400 元，每辆要亏损 100 元。但进一步分析我们发现：每辆变动成本为 1000 元，每多销售一辆的边际贡献为 1 400 - 1 000 = 400 元。如果接受这笔订货，可获边际贡献 400 × 200 = 80 000 元。固定成本 50 万元总是要支出的，而且要分配到已订货的 600 辆中去，如果接受这笔订货，可以增加 80 000 元补偿固定成本。因此，按边际贡献原则分析，接受这笔订货是有利可图的。

3. 盈亏平衡定价法

所谓盈亏平衡定价法，就是根据盈亏平衡点原理进行定价的一种方法。盈亏平衡点又称保本点，是指一定价格水平下，企业的销售收入刚好与同期发生的费用额相等，收支相抵，不盈不亏时的销售量，或一定销量前提下，使收支平衡的价格。

【案例】

某企业全年固定成本 100 万元，其中经营男式休闲服应摊固定成本为 2 万元，每件男式休闲服进价为 140 元，销售费用和税金为 10 元，即每件男式休闲服变动成本为 150 元。若企业每年预期销量为 1 000 套，每件男式休闲服售价应定为多少时，企业才能保本？

分析：

盈亏平衡点价格 =（20 000/1 000） + 150 = 170（元），即如果每件男式休闲服定价为 170 元，企业就能做到收支相抵，不盈不亏。若该企业采取与竞争者同样的价格 200 元出售，则企业收支相抵，不盈不亏的销售量是：保本销售量 = 20 000 ÷（200 - 150） = 400（套），即如果每件男式休闲服售价 200 元，则只需出售 400 套就能保本。可见，这种定价方法的关键是必须准确预测市场销售量。

4. 目标利润定价法

所谓目标利润定价法，就是指企业以投资额为基础，加上投资希望达到的目标利润进行定价的一种方法。

【案例】

上案例中，如果该企业希望达到的目标利润为1万元，问每件男式休闲服售价应定为多少时，企业才能实现目标利润？

分析：

目标利润价格 =（20 000 + 10 000）÷1 000 + 150 = 180（元），即每件男式休闲服定价为180元时，企业就能实现1万元的目标利润。

二、需求导向定价法

需求导向定价法以顾客对产品价值的认知和需求强度作为定价依据。它是以消费者的需求为中心的企业定价方法。根据消费者对商品需求强度和对商品价值的认识程度来制定企业价格，而非根据产品的成本来定价。具体形式主要有理解价值定价法和差别定价法。

1. 理解价值定价法

所谓理解价值，也称感受价值或认知价值。企业按照购买者或消费者对商品及其价值的认识程度和感觉而不是根据成本来制定价格的定价方法。企业利用营销组合中的非价格变量，在购买者心目中建立地位，价格就依此感受价值来决定。

出厂价 = 市场可销需求价 − 批零差价 − 进销差价。

【案例】

常州某电子仪器厂在开发中小学、幼教单位教学用电子琴过程中，了解到这类单位经费不充裕，且单位财务审批权在每台200元以内，加之被替代的老式风琴价格均在200元以下，便认定此目标市场的电子琴的理解价值应在200元以下。经过反复修改设计，将每台电子琴的最终零售价定在199元以下，获得了较好的销售效果。

2. 差别定价法

差别定价法也称区分需求定价法或需求强度定价法，是在特定条件下，根据需求中的某些差异而使价格有差别的定价方法。

（1）以顾客为基础差别定价。如根据需求弹性、新老客户、购买用途、消费心理、购买习惯等。

【案例】

博物馆对学生和年长的公民将收取一个较低的进入费用。美国轮胎工业卖给汽车厂的产品价格便宜，因为需求弹性大；卖给一般用户的价格贵，因为需求弹性小。

（2）以产品样式为基础差别定价。如某厂生产的浴霸有普通型和豪华型，两种产品成本不同，售价也不同，消费者的需求也不同。

（3）以形象为基础差别定价。

【案例】

一家香水制造商可将香水装入一种瓶子，给予命名，树立形象，每盎司（英美量制单位）定价 10 美元；然后用另一种高级花式瓶子装上这种香水，给予不同命名和形象，每盎司定价 30 美元。

（4）以地点为基础差别定价。因为同一种商品在不同地理位置的市场上存在不同的需求强度，就应该定不同的价格。如影剧院、体育馆的门票价，酒店的客房价。

【案例】

以一杯咖啡为例，同样的东西在不同的地点出售，价格就会不同，它在食品店的柜台为 1.25 美元，在家庭餐厅为 2 美元，在饭店的咖啡厅为 3.5 美元，送到旅客房间里为 5 美元，在更豪华的大饭店里为 7 美元。这是因为在越高级的地点能使顾客感受到越高的价值。

（5）以时间空间为基础差别定价。比如平时的长途话费要高于周末的费用。以时间定价的一种特定形式是占位定位，旅馆和航空公司为了保证高占位，所以常采用此法。例如，游船为了保证满座，在开航前 2 天购票可以降价。又如电视台的广告收费分时段旅游淡旺季、娱乐场所节假日与平时收费标准都不一样。

采用这种方式具备的条件：市场可以细分，而且不同的细分市场能反映出需求方面的差异；细分市场不会增加开支；采用差别定价不会招致消费者的误解。

三、竞争导向定价法

竞争导向定价法是以市场上相互竞争的同类产品价格作为定价的基本依据。具体形式主要有随行就市定价法、追随定价法和密封递价法。

1. 随行就市定价法

这是一种以本行业中主要竞争者的价格作为企业定价基础的方法。

企业根据同行业的平均价格水平定价。价格主要基于竞争者的价格，很少注意自己的成本或需求。在竞争激烈的情况下，是一种与同行和平共处、比较稳妥的定价方法，可避免风险。公司定的价格可以比竞争者高或低，或者和它一样。

2. 追随定价法

企业以同行业主导企业的价格为标准制定本企业的商品价格。此方法可避免企业之间的正面价格竞争。如同行业中实力最强、影响最大的企业的单位产品定价为 15 元，本企业可根据产品、需求的具体情况将本商品的单位定价定在 14 ~ 14.9 元间。

3. 密封递价法

通常用密封投标的形式。参加投标的企业事先根据招标广告的内容将本企业的价格分别密封递价给招标单位以参加竞争，争取本企业中标。

许多经常参加投标的企业，常采用期望利润作为递价标准。期望利润可以根据估计的中标率和期望利润计算。这是在建筑包工、大型机械设备购买和安装、社会集团大批量购买时常用的方法。

【案例】

休布雷公司在美国伏特加酒的市场上，属于营销出色的公司，其生产的史密诺夫酒在伏特加酒的市场占有率达 23%。20 世纪 60 年代，另一家公司推出一种新型伏特加酒，其质量不比史密诺夫酒差，每瓶价格却比它低 1 美元。按照惯例，休布雷公司有 3 条对策可选择：

1. 降价 1 美元，以保住市场占有率；
2. 维持原价，通过增加广告费用和推销支出来与对手竞争；
3. 维持原价，听任其市场占有率降低。

由此看出，不论该公司采取上述哪种策略，休布雷公司都处于市场的被动地位。但是，该公司的市场营销人员经过深思熟虑后，却采取了对方意想不到的第 4 种策略。那就是，将史密诺夫酒的价格再提高 1 美元，同时推出一种与竞争对手新伏特加酒价格一样的瑞色加酒和另一种价格更低的波波酒。

这一策略一方面提高了史密诺夫酒的地位，同时使竞争对手的新产品沦为一种普通的品牌。结果，休布雷公司不仅渡过了难关，而且利润大增。实际上，休布雷公司的上述 3 种产品的味道和成分几乎完全相同，只是该公司懂得以不同的价格来销售相同的产品的策略而已。

（来源：张润琴. 市场营销基础. 北京：高等教育出版社，2008）

思考：

1. 竞争导向定价法包括哪三种方法？休布雷公司采取的是哪一种？
2. 针对竞争对手，休布雷公司运用了什么定价策略？
3. 休布雷公司的这一做法给其营销活动带来什么变化和好处？

分析：

1. ①随行就市定价法、追随定价法、密封递价法。②追随定价法。

2. 差别定价策略。

3. ①使其产品从单一产品转化为系列产品，从而大大提高了产品的声望和地位。②使其目标市场策略从无差异营销转化为差异营销，从而进一步扩大了市场占有率。

【任务互动】

任务内容：判断分析定价方法。

任务目的：能正确理解定价法。

任务步骤：第一步，选定商店（便利店、大型超市、专卖店、单独经营商店）；第二步，访问不同的商店；第三步，分析判断定价方法。

任务建议：走访不同商店后，分小组讨论。

【课堂思考与练习（二）】

1. 某企业每月生产某种商品 10 000 个，总成本为 130 000 元，单位产品成本为 13 元，当产量翻一番时，总成本为 220 000 元，计算增加的 10 000 个产品的边际成本。

2. 甲洗涤剂的定价为 2.19 美元 32 盎司，乙洗涤剂为 1.99 美元 26 盎司。请问哪种品牌更具有吸引力？假设两种产品的质量相同，哪种品牌具有更高的价值？

项目 3 定价策略

企业定价策略是一门艺术，也是一种具体的行动。

一、新产品定价策略

新产品定价策略的原则是，能高则高，该低就低。

（一）撇脂定价策略

撇脂定价策略是一种高价策略。

1. 含义

撇脂定价策略也称脱脂定价策略、速取策略或高额定价策略。撇脂定价指产品定价比其成本高出许多，当新产品刚刚上市而类似产品还没有出现之前，为在最短时间内获得最大利润，企业通常采取这一定价策略。其做法很像从牛奶的表面撇取奶油，故得其名。

2. 条件

撇脂定价策略的实行条件主要有：新产品比市场上现有产品有显著优势，能使消费者

“一见倾心”；在产品初上市阶段，商品需求价格弹性较小或早期购买者对价格不敏感；短期内仿制产品出现的可能性小，竞争对手少。

3. 优点

尽早争取主动，达到短期内最大利润目标，有利于企业竞争地位的确定。

4. 缺点

定价过高，有时渠道成员不支持或得不到消费者认可，高价厚利会吸引众多生产者和经营者转向，加速竞争。

宝丽莱公司经常采取这种定价法，他们先推出一种新型、昂贵的照相机，然后逐渐推出结构较简单、价格较低的照相机，以此吸引新的细分市场的顾客。

【案例】

第二次世界大战结束时，美国雷诺公司生产了一种笔，趁当时世界上第一颗原子弹爆炸的新闻热潮，取了个时兴的名字——原子笔（即现在的圆珠笔）作为圣诞礼物投入市场。通过各种宣传，为之披上了种种神秘外衣，致使该笔身价倍增，成本仅50美分，售价却高达20美元，一下子就发了大财。等到这种商品的神秘外衣被不断揭开，身价一落千丈时，资本家已带着快要撑破的钱包去经营更新的商品去了。美国雷诺公司运用的是什么定价策略？有何优点？给我们何种启示？

分析：

美国雷诺公司运用的撇脂定价策略，利用了消费者的好奇和求新心理，在商品面市的初期，把价格定得高一些，及时牟取利润，等到竞争者出现或市场销路缩减时，再行降价。其优点：一是可以提高商品身价；二是可以及时赚取利润；三是万一定价出现错误，调整价格比较容易。给我们的启示是，厚利也能畅销。这一策略能让企业获得诸多好处，加快企业发展壮大的进程。既然如此，何乐而不为？

（二）渗透定价策略

渗透定价策略是一种低价策略。

1. 含义

渗透定价与撇脂定价的做法正好相反，为了让消费者迅速地接受新产品，尽快地扩大产品销售量，占领更大的市场份额，企业有意将产品价格定得很低。采用渗透定价策略不但可以以最快速度占领市场，而且可以有效阻止其他企业进入这一产品生产领域。

2. 条件

渗透定价策略的实行条件主要有：商品的市场规模较大，存在着强大的竞争潜力；商品需求价格弹性较大，稍微降低价格，需求量就会大大增加；通过大批量生产能降低生产成本。

3. 优点

可以占有比较大的市场份额；比较容易得到渠道成员支持；阻止竞争对手的介入，低价能起屏障作用。

4. 缺点

定价过低，一旦市场占有率扩展缓慢，收回成本速度慢；而且容易使消费者怀疑商品的质量。

我国不少成功企业都采用过或正在采取这种策略。如长虹电视、乐凯胶卷等。

【案例】

20 世纪 30 年代被誉为“世界胶鞋大王”的著名华侨企业家陈嘉庚先生，他的胶鞋刚刚问世的前几年，用大大低于成本的价格对市场进行渗透，以赢得大量消费者，迅速打开销路，直到他的胶鞋成为名牌产品时，才逐步把价格提高，最后赚了大钱。

思考：

陈嘉庚先生是运用什么定价策略打开市场的？有何特点？给我们何种启示？

分析：

陈嘉庚先生是运用渗透定价策略打开市场的。渗透定价策略的主要特点是，在商品进入市场的初级阶段，为渗透市场，利于竞争，而将价格定得很低，等到商品打开销路后，再逐步将价格提高到一定水平，这是一种薄利多销的定价方法。一般适用于选择性不大、消费量多、短时间内可以打开销路的商品。这一策略给我们的启示是，对于大众化商品，要善于利用消费者注重实惠、实用、求廉的心理，把商品价格适当定低一点，以迅速打开市场，扩大销售面。坚持薄利才能多销，多销才能增加利润。这就是经营中的辩证法。

“撇脂”和“渗透”两种策略选择应对市场需求、竞争形式、产品特点、生产能力、市场潜力等各种因素综合考虑。

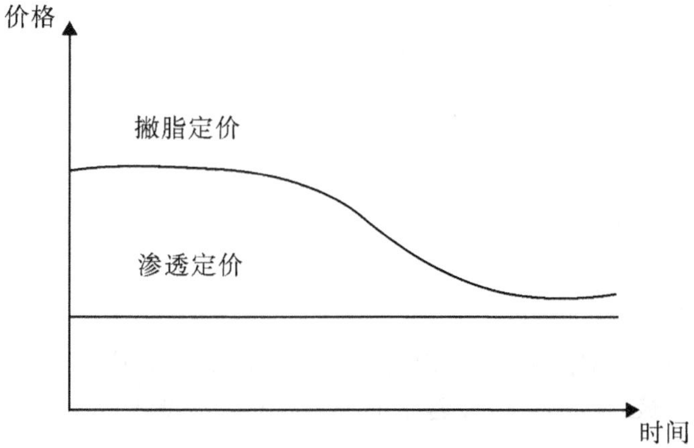

图 7－3　撇指定价和渗透定价示意图

（三）温和定价策略

温和定价策略是一种中间价策略，又称满意定价策略。中间定价策略，它是介于“撇脂”与“渗透”之间的定价策略。使新产品的价格介于上述两种方法确定的产品价格之间，即处于一种比较合理的价格水平上，是一种“随大流”的策略。

温和定价策略的最大优点是“稳”，通过对两种策略的调和和折中来避免前两者的明显缺点，但同时也在很大程度上将两种策略的优点抹杀了。采用此策略最应注意的问题是要避免商品没有特色而打不开销路。

二、商品阶段定价策略

指在对商品市场生命周期分析的基础上，依据商品市场生命周期不同阶段的特点及其在国计民生中的重要程度、市场供求状况的不同而制定和调整价格。

（一）进入期定价策略

一般可参考新产品定价策略。

1. 低价策略

排斥竞争者，迅速占领市场。这一策略适用于经济实力较强的经营者。

2. 中价策略

主要适用于一般的日用生活必需品和重要的生产资料。

3. 高价策略

对某些寿命较短，花色、式样变化较快的时尚、潮流型商品可采用此策略。这是为争取时间，抢在竞争者进入市场之前，以取得高额利润，待竞争者进入市场时，再降价以保持市场竞争力。这一策略在于经营者对市场需求有较准确的预测和敏感的洞察能力。

（二）成长期定价策略

一般不要贸然降价。采用目标价格——取得利润的价格。商品进入成长阶段后，销量迅速增加，成本不断下降，商品质量提高，竞争者相对减少，这时是经营者实现目标利润的最佳时期。

但如果入市价格较高，市场上又出现了强有力的竞争对手，企业为较快地争取市场占有率的提高，也可以适当降价。

（三）成熟期定价策略

一般采用降低价格，或者维持原价的策略。当商品进入成熟阶段，由于生产能力过剩，市场竞争激烈，彼此的市场份额趋于下降，因此，以低价或原价不动为宜。

（四）衰退期定价策略

这一阶段，消费者兴趣转移，销售量急剧下降，一般采取果断降价的销售策略。但如果同行业竞争者都退出市场，也可维持原价或提价。

【案例】

20 世纪 70 年代中期，德国宝马汽车在美国市场上将目标对准当时的高级轿车市场。经需求测量却发现，该子市场的消费者不但不喜欢，甚至还嘲笑宝马，说宝马就像是一个大箱子，既没有自动窗户也没有皮座套，无法同其他车媲美。显然，这个市场对宝马的高超性能并无兴趣。于是，生产厂家决定将目标转向收入较高、注重驾驶感受的青年市场。

思考：

宝马为什么要实施高价位产品营销策略？

分析：

因为该市场的消费者更关心汽车的性能，更喜欢能够体现不同于父辈个性和价值的汽车。为吸引这个市场的消费者，厂家突出宣传车的高超性能。结果，到 1978 年，该车的销售量虽然还未赶上奔驰，但已达到 3 万多辆，到 1986 年，已接近 10 万辆。然而，到 20 世纪八九十年代，美国经济开始走向萧条，原来的目标消费者已经成熟，不再需要通过购买高价位产品来表现自我，加上日本高级轿车以其物美价廉的优势打入美国市场，宝马面临新的挑战。经调查发现，消费者之所以喜欢宝马，是因为它能给驾驶人一种与众不同的感觉，即是“人”驾驭车而不是“车”驾驭人。驾驶宝马，消费者感到安全、自信，从宝马身上，他们不仅可以感觉汽车、控制汽车，还可以得到如何提高驾驶技术的反馈。于是，厂家又将目标对准下列三种人：相信高技术驾驶人应该驾驶好车的消费者；为了家庭和安全希望提高驾驶技术的消费者；希望以高超驾驶技术体现个人成就的消费者。到 1992 年，尽管整个美国汽车市场陷入萧条，宝马的销售量却比 1991 年提高了 27%。

三、折扣折让定价策略

企业为调动各方面积极性或鼓励顾客作出有利于企业购买行为的常用策略。

1. 数量折扣

也称批量折扣，即根据购买者购买数量的大小给予不同的折扣。

“一次性折扣”是为鼓励购买者多购货，根据一次购买数量的大小给予不同的折扣。

“累进折扣”是为了建立稳定的购销关系而将同一位购买者在一段时间从本企业购买的数量加总，根据累计购货量的不同而给予不同的折扣。

2. 季节折扣

一般在有明显的淡旺季商品或服务的行业中实行。主要鼓励消费者淡季购货，中间商淡季进货和促销，以减少供应企业的库存压力和负担，加快资金周转，降低本企业的经营成本。如冬季对单冷的空调进行打折销售等。

3. 现金折扣

目的在于鼓励购买者尽早付款，加速资金周转。

【案例】

交易条款注明“2/10 净价30”，即指如在成交后10天内付款，照原价给予2%的现金折扣，超过10天要付全价，但最迟不能超过30天。

4. 功能折扣

也称同业折扣或业务折扣，是生产厂家给予批发企业和零售企业的折扣。零售商比批发商来厂进货折扣一般要小些。

四、心理定价策略

企业针对消费者心理活动和变化定价的方法与技巧，一般在零售企业中对最终消费者应用得比较多。

1. 组合定价策略

企业为迎合消费者求便宜的心理将两种或两种以上有关联的商品合并制定一个价格。如“六一”儿童节前销售的礼品袋。

2. 尾数定价策略

也称“缺额原则”，即利用消费者对数字认识的某种心理制定尾数价格，使消费者产生价格较低廉的感觉，还能使消费者产生定价认真，有尾数的价格是经过认真的成本核算才产生的感觉，使消费者对定价产生信任感。如某本图书定价为29.80元，某种汤勺定价为12.99元。

3. 整数定价策略

又称“声望定价”，是指企业利用消费者仰慕名牌商品或名店的声望所产生的某种心理来制定商品的价格，故意把价格定成整数或高价。

【案例】

950元的手表，定价应为1 000元，原因是有购买这种手表消费能力的消费者不在意多付50元钱，而且提高这50元不仅使企业多获得收入，还能使表的声望价值从3位数升为4位数，给购买者心理上的满足。

另外，对于一些需求价格弹性不高的商品，如中小学生的课本，采用整数定价可以方便结算和提高工作效率。

4. 吉利定价策略

如果产品的价格中出现一些特殊的数字，对商品促销能起到神奇的效果。如8888

(发发发发)、518(我要发)、89(发够)、66(大顺)等。

5. 招徕定价策略

也叫特价品定价策略。零售商利用部分顾客求廉的心理，特意将某几种商品的价格定得低于市价，目的在于召唤顾客，引发连带购买行为。

【案例】

北京地铁有家每日商场，每逢节假日都要举办“一元拍卖活动”，所有拍卖商品均以1元起价，报价每次增加5元，直至最后定夺。但这种由每日商场举办的拍卖活动由于基价定得过低，最后的成交价就比市场价低得多，因此会给人们产生一种“卖得越多，赔得越多”的感觉。岂不知，该商场是以低廉的拍卖品活跃商场气氛，增大客流量，带动了整个商场的销售额。

(来源：张润琴．市场营销基础．北京：高等教育出版社，2008)

思考：

1. 上述案例中的商场采用的是哪种心理定价法？其利用了消费者的什么心理？

2. 采用这种方法应注意哪些问题？

分析：

1. ①招徕定价法，有意将少数商品降价以招徕吸引顾客。②求廉的心理。

2. ①降价的商品应是消费者常用的，否则没有吸引力。②实行招徕定价的商品，经营的品种要多，以便顾客有较多的选购机会。③特价商品的降价幅度要大，一般应接近成本或低于成本，才能引起消费者的注意和兴趣，激起消费者的购买欲望和动机。④降价品的数量要适当，太多则商店亏损太大，太少则容易引起消费者的反感。

五、相关商品价格策略

相关产品是指在最终用途和消费购买行为等方面具有某种相互关联性的产品。制造或经营两种以上商品的企业可以利用此特点来综合考虑企业产品的定价。

1. 互补商品价格策略

互补商品指两种(或以上)功能互相依赖、需要配套使用的商品。具体做法：

价值高而购买频率低的主件价格——低；

与之配套使用的价值低而购买频率高的易耗品价格——高。

2. 替代商品价格策略

替代商品指功能和用途基本相同、可以相互替代的产品。适用于生产或经营着两种以上有替代关系的产品企业。如微软推出 DirectX 的最新替代产品——Windows Graphics Foundation(WGF)。其具体做法：

市场热销的产品价格——提高；

趋冷的替代品价格——降低。

【任务互动】

任务内容：判断商品定价策略。

任务目的：掌握企业定价策略，培养学生的应用分析能力。

任务步骤：第一步，到商场选定商店；第二步，分析判断选定商品定价策略。

任务建议：小组讨论、全班交流。

【课堂思考与练习（三）】

1. 说明企业为什么要作出价格折扣？折扣的依据是什么？

2. 讨论在自己所了解的范围内，哪些商品适宜用尾数定价策略？

【模块小结】

本模块主要学习定价的影响因素、定价方法、定价策略，分析判断市场上的产品所运用的定价策略，能正确为新产品制定定价策略。

【练习题】

一、单项选择题

1. Intel 公司是美国占支配地位的计算机芯片制造商，当他们推出一种新产品时，定价总是比同类产品的定价低，采用的是（　　）定价策略。

A. 撇脂定价　　B. 渗透定价　　C. 弹性定价　　D. 理解价值定价

2. 在赊销的情况下，卖方为了鼓励买方提前付款，按原价给予一定的折扣，这就是（　　）。

A. 业务折扣　　B. 现金折扣　　B. 季节折扣　　D. 数量折扣

3. 以下属于需求导向定价法的有（　　）。

A. 成本加成定价法　　B. 理解价值定价法

C. 随行就市定价法　　D. 追随定价法

4. 在企业定价方法中，目标收益率定价法属于（　　）。

A. 成本导向定价法　　B. 需求导向定价法

C. 竞争导向定价法　　D. 以上三者都不是

5. （　　）是企业根据中间商在市场营销中所担负的不同职能，给予不同的价格折扣。

A. 现金折扣　　B. 数量折扣　　C. 交易折扣　　D. 季节折扣

6. 如果一个垄断企业面对的需求价格弹性很小，它将（　　）。

A. 降低价格，增加收益　　B. 提高价格，增加收益

C. 降低价格，降低收益　　D. 提高产量，降低价格

7. 在密封投标定价法中，供货企业报价的制定依据是（　　）。
A. 企业的目标利润　　B. 对竞争者报价的估计
C. 企业的成本费用　　D. 市场需求
8. 对于传统手工刺绣、镂雕等高级工艺品，应采用的定价策略是（　　）。
A. 薄利多销策略　　B. 阶段定价策略
C. 差别定价策略　　D. 厚利限销策略
9. 对于高档瓷器等产品，应采取（　　）。
A. 尾数定价　　B. 整数定价　　C. 声望定价　　D. 习惯定价
10. 在完全竞争条件下，企业只能按（　　）出售其产品。
A. 零售价格　　B. 折扣价格　　C. 市场价格　　D. 可变价格

二、多项选择题

1. 以下哪种价格形式属于差别定价（　　）。
A. 公园门票对某些人员给予优惠
B. 对大量购买的顾客给予优惠
C. 在节假日或换季时机举行的“大甩卖”、“酬宾大减价”等活动
D. 对不同款式商品所定的不同价格
E. 剧院里不同位置的座位票价
2. 企业定价目标多种多样，主要有（　　）。
A. 以获取当前最高利润为定价目标
B. 以扩大市场占有率为定价目标
C. 以稳定价格为定价目标
D. 以获取投资报酬率为定价目标
E. 以适应竞争为定价目标
3. 需求价格弹性的强弱主要受（　　）的影响。
A. 商品的需要程度　　B. 商品的替代性
C. 商品供求状况　　D. 商品的种类
4. 企业定价策略主要有（　　）。
A. 薄利多销策略　　B. 阶段定价策略
C. 差别定价策略　　D. 厚利限销策略
E. 折扣定价策略　　F. 心理定价策略
G. 随行就市的定价策略
5. 属于需求导向的定价方法有（　　）。
A. 成本加成定价法　　B. 目标收益率定价法
C. 理解价格定价法　　D. 需求差异定价法
6. 企业制定的产品价格经常需要进行调整，主要有两种情况（　　）。
A. 主动调价　　B. 主动降价　　C. 主动提价　　D. 应变调价

三、判断题

1. 同行业中实力最强、影响最大的企业的产品定价 15 元，本企业将商品的定价定在 14 ~ 14.9 元，这种定价法是随行就市定价法。(　　)

2. 顾客对产品价值的理解，主要是由产品成本决定的。(　　)

3. 按整数定价策略，9 950 元的皮毛大衣，定价应为 10 000 元。(　　)

4. 如果市场上有替代品，那么产品的需求弹性较大。(　　)

5. $Ed > 1$ 时，说明企业所面临的市场需求是富有弹性的，为了取得更高收入可制定较高价格。(　　)

6. 对于烟酒等产品，企业可采用“薄利多销”的定价策略。(　　)

7. 采用密封投标定价法时，报价越低，中标的概率越大。(　　)

8. 主动调价是指企业在生产经营过程中，由于市场环境和企业内部条件的变化，企业主动实施降价。(　　)

9. 以获取当前最高利润为定价目标的侧重点是短期内的最高利润。(　　)

四、填空题

1. 某洗衣粉，每袋价格为 4 元。若顾客一次购买 10 袋以上，则每袋价格为 3.6 元，这就是（　　）折扣，目的是鼓励顾客大量购买。

2. 美国杜邦公司在推出新产品时往往把价格尽可能定高，随着销量和产量的扩大，再逐步降价，这家公司采用的是（　　）价格策略。

3. 饭店不单独租客房，将客房、膳食和娱乐一并收费，叫（　　）定价。

4. 生产厂家给予批发企业和零售企业的折扣叫作（　　）。

五、计算题

1. 已知某企业生产一批甲产品，共计有 12 000 件，每件产品的单位变动成本为 36 元，固定总成本为 450 000 元，该种产品的加成率为 15%，试用成本加成定价法确定该产品的单位售价。

2. 产品的年固定成本总额为 16 万元，每件产品的变动成本为 45 元，如果订货量分别为 4 000 件和 5 000 件时，其保本点价格各为多少？

3. 某企业初次试制成功某种新产品，单位变动成本 100 元，固定成本总额 200 000 元，现准备正式投放市场 50 000 件，企业为此投资 1200 000 元，如何才能制定获得 20% 利润的价格？

【技能实训】

1. 实训名称：模拟产品定价。

2. 实训目的：通过实训，熟悉影响企业定价的主要因素，掌握基本的定价方法，学习应用定价的技巧、变价的策略。

3. 实训组织：

（1）人员：4～5人组成小组，选定小组长，以小组为单位进行训练。

（2）时间：与课程模块七教学同步。

（3）地点：多媒体教室或营销实训室。

4. 实训要求：

（1）向学生给出市场上某行业某类产品的价格竞争现状的基本资料。

（2）学生以小组为单位在市场上收集该类产品中相近产品的不同企业的定价情报，及了解存在的问题。

（3）以实际市场情报为依据，为其中的一项产品提出变价的依据，并拟出相应的变价策划方案。

（4）每个小组写出书面报告。

5. 实训评价：

（1）小组互评。

（2）教师点评。

模块八　渠道策略

【知识目标】

1. 了解分销渠道的功能和类型
2. 掌握影响分销渠道选择的因素和分销策略
3. 掌握设计和管理分销渠道的方法

【技能目标】

1. 领会分销渠道的作用和类型
2. 掌握分销渠道选择的步骤
3. 正确分析分销渠道选择的因素
4. 正确选择一条时间短、速度快、费用省、效率高的分销渠道
5. 领会中间商的功能
6. 企业销售商品时对批发商和零售商的选择
7. 领会分销渠道的管理
8. 掌握分析渠道效率低下的原因以及如何激励中间商

【引导案例】

枸杞的销路

河北省鹿县盛产枸杞，其产量占全国枸杞总产量的较大比重。但是有关部门不愿意收购，说是无销路。果真如此吗？经调查了解，枸杞其实拥有很大的市场，问题在于缺乏合适的销售途径。原来，人们生活水平提高了，枸杞不再是纯粹的中草药，还有其他用途如滋补品、桌上佳肴、馈赠品等。请根据以上情况，策划枸杞行销疏通渠道。

分析：

鹿县枸杞滞销的原因主要是营销渠道不畅，突出表现在原有的销售渠道已不能适应新形势。只有变革目前的营销渠道格局，才能解决鹿县枸杞滞销的局面。变革的策略：第一，加大枸杞功能的促销宣传，让消费者了解枸杞的用途，形成消费习惯，让经营者看到经营的利益，才能调动其经营的积极性；第二，美化包装，将枸杞设计成馈赠亲友的上好礼品；第三，稳住原有营销渠道；第四，营销渠道向扁平化和多元化方向进行改革，一是疏通向饭店、酒店销售的渠道，二是疏通向超市、集市、药店销售的渠道，三是疏通向特产商店、礼品商店销售的渠道。

项目 1　分销渠道的作用与类型

一、分销渠道的含义

在商品经济条件下，生产和消费在时间和空间上是分离的，商品的所有权和实体如何才能从生产者抵达消费者呢？分销渠道将完成这一任务。

分销渠道是指在产品或服务从生产者向消费者（或用户）转移的过程中所经过的、由各中间环节连接而成的路径和通道，这个通道由一系列的市场中介机构或个人组成。分销渠道包括了经销中间商和代理中间商，此外还包括处于渠道起点和终点的生产者和最终消费者或用户，但是不包括供应商、辅助商。

（1）起点是生产者。

（2）终点是消费者或用户。

（3）中间商有各类批发商、零售商、代理商和经纪人。

小思考

营销趋势“渠道制胜，决胜终端”。

二、分销渠道的作用

大多数生产者缺乏将产品直接销售给最终顾客所必需的资源和能力，而中间商和中介机构却在这方面具有优势。

中间商是社会分工的产物，他们是从事市场营销的专业人员，他们能使营销工作更有成效，营销费用更低；而生产企业由于不直接从事营销工作，可以使自己业务范围更专业，从而使生产效率更高。所以中间商的介入起到了经济节约的作用。见图 8－1。

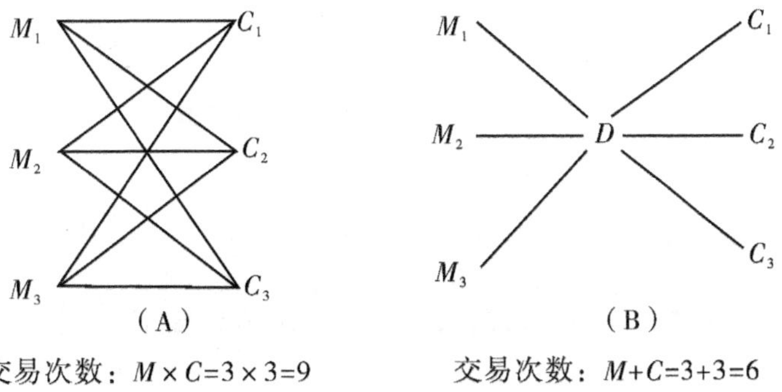

图 8－1　中间商节约社会总劳动示意图

商品社会生产规模日益增长，企业的市场覆盖面越来越广。对这样广阔范围内的营销活动，一般规模的企业很难顾及，因此需要大批的中间商帮助宣传商品、开拓市场、组织销售。对消费者而言，中间商为他们提供采购服务，向他们发布购买信息，为他们提供产品质量担保，并协调生产者与消费者之间的矛盾。

三、分销渠道的类型

1. 消费者市场的分销渠道

所含的中间商的数目多，分销渠道的出口是零售商。见图 8－2。

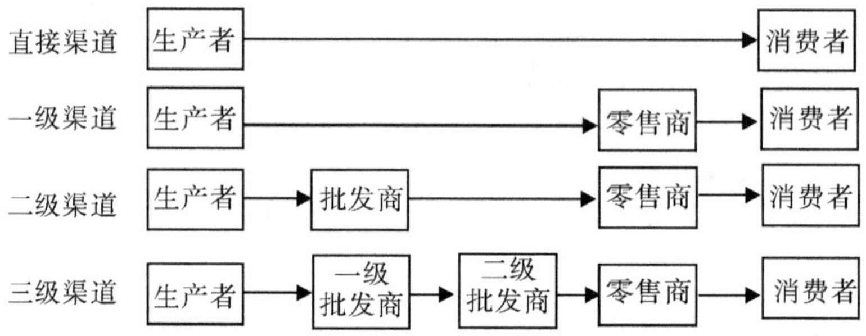

图 8－2　消费者市场的分销渠道

2. 生产者市场的分销渠道

成员中没有零售商。见图 8－3。

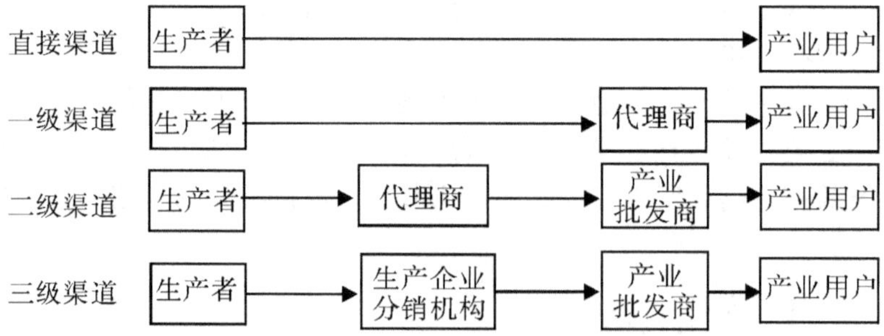

图 8－3　生产者市场的分销渠道

小思考

是不是所有产品都必须经过分销渠道才能到达消费者手中？

四、分销渠道的划分

1. 直接渠道与间接渠道

根据商品在从生产到消费的流通过程中是否经过中间商的转卖，一般将分销渠道分为直接渠道和间接渠道。产业市场较多采用直接渠道，消费市场多采用间接渠道。直接渠道和间接渠道的特点如下：

（1）直接渠道。

产品从制造商流向最终消费者的过程中不经过任何中间商转手的营销渠道。直接营销渠道多用于分销产业用品，因为许多产业用品要按照用户的特殊需要制造，有高度的技术性，制造商要派遣专家去指导用户安装、操作、维护设备，而且产业用品的用户数目少，某些行业的工厂往往集中在某一地区，这些产业用品的单价高，用户购买批量大。当然一些消费品也可通过直接营销渠道销售。直接营销的主要方式有上门推销、邮购、网络营销、电视直销和制造商自设商店等。如雅芳公司的推销代表基本上都是上门向女性推销化妆品的。

（2）间接渠道。

①一级渠道。一个渠道系统中只包括一级销售中间商。在消费品市场，这个中间机构通常是零售商，而在工业品市场，它通常是一个销售代理商或佣金商。

②二级渠道。一个渠道系统中包括两级中间商。在消费品市场上，通常是批发商和零售商；在工业品市场上，它们可能是工业品批发商和销售代理。

③三级渠道。一个渠道系统中包括三级中间商。例如，在批发商和零售商之间通常还有中间商或专业批发商，服务于一些小型零售商，而这些小型零售商一般不是大型批发商的服务对象。肉类食品及包装类产品的制造商通常采用这种渠道分销其产品。在这类行业中，通常有专业批发商处于批发商与零售商之间，该专业批发商从批发商进货，再转卖给无法从批发商进货的零售商。

从生产者的观点看，渠道级数越高，渠道控制和管理也越成问题，生产者一般总是只和最近一级的中间商打交道。

小思考

个人消费市场能不能采用直接渠道？如果能，可以采用哪些方式？

2. 长渠道和短渠道

根据商品在流通过程中流转环节的多少，可将分销渠道分为长渠道和短渠道。将产品送达远处需要长渠道，送到近处可用短渠道；通过大型零售店销售渠道较短，通过小型零售点销售渠道较长。

3. 宽渠道与窄渠道

商品流通过程中每一层级选用的中间商数目越多，渠道就越宽。

4. 多渠道与少渠道

分销渠道的多少是指商品在流通过程中所经过的渠道数目和中间商数目的多少。

【任务互动】

任务内容：请你为任务商品选择合理的分销渠道。

任务目的：帮助学习者认识和理解分销渠道。

任务商品：飞机、洗发水、钢琴、挖掘机。

任务建议：采用小组讨论式。

项目 2　分销渠道的设计与选择

分销渠道设计问题的中心环节是确定到达目标市场的最佳途径。

一、影响渠道设计的主要因素

1. 顾客的特性

主要包括顾客人数、地理分布、购买频率、购买数量、敏感程度。

2. 产品的特性

主要包括产品概念、产品定价、产品的定位。

3. 现有分销渠道的特性

主要包括进入成本、渠道的发展性、渠道所包含的中间商的商业信誉、渠道的专业性。

4. 目标销售区的经济环境

主要指该地区的人均收入、该地区竞争商品的销售情况、渠道的专业性。

5. 企业的特性

主要包括总体规模、财务能力、产品组合、销售目标、销售预算、渠道经验、营销政策。

小思考

生产者为什么不直接将产品卖给消费者？产品经过分销渠道会发生哪些变化？

二、分销渠道的设计

分销渠道设计的活动主要包括实体转移渠道、所有权转移渠道、促销方式、谈判方式、资金流动渠道、风险转移渠道、订货和付款的方式、市场信息传递渠道。

（一）分销渠道的设计流程

（1）实体转移渠道。实体成品及劳务从制造商转移到最终消费者和用户的过程。汽车厂在汽车成品出厂后，必须根据代理商的订单交付产品给代理商，再运交顾客。若遇到大笔订单的情况，也可由仓库或工厂直接供应。在这一过程中，至少须用到一种以上的运输方式，如铁路、公路、水运等。

（2）所有权转移渠道。货物所有权从一个分销成员手中到另一个分销成员手中的转移过程。上例中，汽车所有权经由代理商的协助而由制造商转移到顾客手中。

（3）促销方式。通过广告、人员推销、宣传报道、促销等活动由一个渠道成员对另一个渠道成员施加影响的过程。从制造商流向代理商称为贸易促销，直接流向最终消费者则称为最终消费者促销。所有的渠道成员都有对顾客促销的职责，既可以采用广告、公共关系和销售促进等针对公众的促销方法，也可以采用人员推销并针对个人的促销方法。

（4）谈判方式。在分销渠道中，商品实体和所有权在各成员间每转移一次，就必须进行一次谈判，这些谈判也构成一个流程。例如上例中，代理商必须就汽车的价格、交货日期、付款方式等问题，与其供应商即汽车制造商和最终消费者进行谈判。

（5）资金流动渠道。在分销渠道，各成员间伴随着所有权转移所形成的资金交付流程。如信用卡发卡单位就能为消费者买汽车提供消费信用。

（6）风险转移渠道。各种风险在分销渠道各成员之间转移与预防消亡的过程。这里的风险包括产品过时、报废或由于失火、洪水以及季节性灾害、经济不景气、竞争加剧、需求萎缩、产品认同率下降和返修率过高等因素造成的风险。

（7）订货方式。渠道成员定期向其供应商发出订货命令。这里的订货可能是由顾客直接发出，也可能是某成员为保持适量库存以应付潜在需求或为减少因未来价格可能上升而导致的费用成本增加而发出的。

（8）付款方式。货款在各分销成员之间的流动过程，例如，顾客通过银行或其他金融机构向代理商支付账单，代理商扣除佣金后再付给制造商。此外还需付给运输企业及仓库。

（9）市场信息传递渠道。在分销渠道中，各营销中间机构相互传递信息的过程。通常情况下，渠道中每一相邻的主体会进行双向的信息交流，互不相邻的主体也会有各自的信息流程。

其中最为重要的是实体转移渠道、所有权转移渠道、促销方式、付款的方式、市场信息传递渠道。

（二）分销渠道的分析

（1）从生产者指向最终消费者或用户：实体转移渠道、所有权转移渠道、促销方式。

（2）从消费者或用户指向制造商：付款方式、市场信息传递渠道和订货方式。
（3）双向交流：资金流动渠道、谈判方式及风险转移渠道。

（三）分销渠道的宽度如何选择

取决于企业的战略目标、产品特点和顾客分散程度。实际上，大多数营销渠道的每一环节，既不是最宽，也不是最窄，宽窄只是相对而言。

批发环节营销渠道较窄，而零售环节营销渠道较宽，所以，营销渠道宽窄的选择大多发生在零售环节。一般而言，在消费者市场上，特殊品的营销渠道最窄，选购品的营销渠道居中，而日用品的营销渠道最宽。

新产品的营销渠道较窄，成熟产品的分销渠道较宽。

在组织市场上，面对中间商的营销渠道较宽，销售附属设备、消耗品、通用零配件的营销渠道较宽。而专用设备通常采取直销。

服务业的营销渠道通常较宽，特别是向居民提供生活服务的企业。为使居民方便地获得服务，使用服务设施，学校必须建在方便学童就近上学的地点；公共汽车线路和车站须设在方便居民上下车的地点；餐饮店和银行的营业网点更要尽可能地接近居民住宅区和商业区。

（四）渠道设计方案的评估

评估主要从以下方面：
（1）渠道的经济效益。
（2）企业对渠道的控制力。
（3）企业对渠道的适应性。

【任务互动】

任务内容：为某种商品设计分销渠道。

任务目的：尝试渠道的设计，拓展思路。

任务步骤：第一步，选定设计的商品，在下列商品中选一种：洗发水、MP3、手机；第二步，写出设计方案；第三步，选出部分方案进行讨论。

项目3　中间商的类型

一、中间商的定义

中间商是指介于生产者与消费者（用户）之间，由专门从事商品流通经营活动的企业和个人组成，他们的基本职能是作为生产和消费之间的媒介“中间人”，促成商品交换。

二、中间商的功能

中间商在商品流通中，主要有以下三种功能：

（1）集中商品的功能。

（2）平衡供求的功能。

（3）扩散商品的功能。

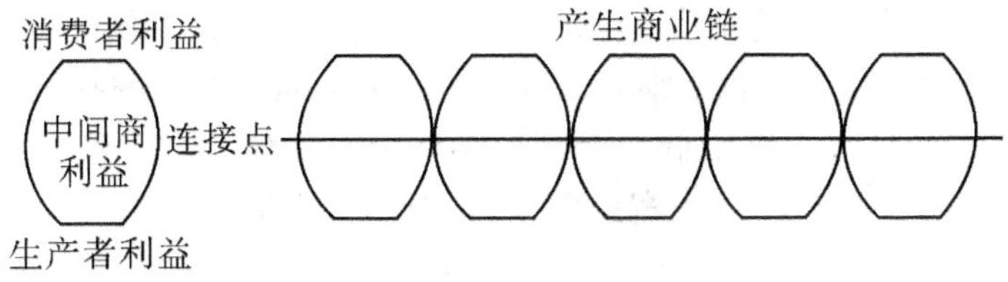

图8－4　中间商产生商业链

三、中间商的类型

（一）按流通过程中所处的环节分类

中间商按其在流通过程中所处的环节分类，可分为批发商和零售商两大类。

1. 批发商

批发的功能是将购进的商品批量转售给各类组织购买者。

批发商的类型包括以下几种：

（1）生产企业。生产企业采购的目的是为了生产，规模较大的企业为了降低成本，会直接向生产企业采购。

（2）服务企业。服务企业在提供服务过程中对产品的消耗，一般的企业可能只能在零售商处购买，而大型的服务企业也可以向生产企业直接购买。

（3）零售商。大型的零售商为了降低采购成本，也会直接向生产者购买。

（4）商业批发商。有独立投资、自主经营的批发商业企业，他们买下所经销商品的所有权，然后出售。

批发商的特点：大批量采购，大批量销出，业务覆盖的市场区域广；批发商所处位置的交通和通信条件最重要；批发商促销的方式主要是人员推销；批发商具有所经营产品的专业知识，可以为零售商提供与商品有关的咨询服务。

2. 零售商

零售商是以零售经营为主的企业和个人。零售商的类型包括商店式零售商和无门店销售商。

（1）商店式零售商。

①便利店：深入在居民区内，具有群众基础，可以根据顾客的需求特点有针对性地提

供服务；营业时间很长，顾客一般随时都可以买到商品；经营品种有限，进货成本高，因而商品价格较高。

②百货店：商品品类齐全，购物环境好，服务项目多；经营成本较高，商品加价率也高，单位营业面积获利能力较差。

③折扣店：商品加价率低，经营商品大类广泛（和百货店差不多），提供的购物环境和服务也相对较差和较少（相对于百货店而言）。

④超级市场：采用自助服务，雇佣较少的营业人员，规模大、周转快、加价低、成本低、管理较为困难。

⑤专业商店：经营单一大类商品，花色、品种、规格齐全；提供有专业知识的售货人员服务和优越的购物环境；商品加价率最高，高档商品专业店的加价率甚至高过百货公司。

⑥批发俱乐部：商品加价率最低，而商品品质很有保障，大多经营名牌商品；店的面积巨大（上万平方米），经营产品线宽；店址较偏僻，店内装修差。

【案例】

某商场召开中层以上管理人员会议，总经理向与会者征求意见。

同志们！我商场目前正面临一场严峻的挑战。一是最近公安局已将我商场所处地段划为汽车禁行区，该措施推行后，原来用汽车来店进货的集团单位已不再露面；二是半个月前，距我商场约600米的另一条大街上，一家新的以经营高档商品为主的豪华商场开业，抢夺了我们大量客源；三是这半年多来，全市小商小贩越来越活跃，已成为我们原有市场的“蚕食者”，这次会议主要研究应变对策，现在请大家谈谈意见。

分析：

1. 针对交通管制，可采取送货上门，优质服务，稳住老客户的方法，并通过送货上门这一优惠条件吸引更多新客户，变不利为有利。

2. 针对竞争对手以经营高档商品为主的特点，可考虑调整经营结构，适当增加中、低档商品经营，抢占中、低档商品市场；在高档商品经营上，设法减少进货环节，进行联购分销，在价格、服务上与其竞争等。

3. 针对小商小贩越来越活跃的情况，可实行零售兼营批发，通过一定的优惠让利办法，把他们吸引过来，变竞争对手为服务对象。

（2）无门店销售商。

①直接推销：利用朋友、邻居、亲戚、同事、同学等关系减少阻力，使买者在融洽、轻松的气氛中选择，然后决定是否购买；销售人员的薪金、佣金、费用占销售额的比例往往较高；销售人员的流动率很高，许多消费者不愿从直接销售人员那里购买商品，因为容易上当；许多居民不愿接受推销员上门推销。

②自动售货机：十分方便，24 小时工作，广泛分布于各种公共场所；设备较昂贵，有可能被损坏，商品加价率也较高，且不便退货，有时补充货物不及时。

③直复式营销：符合现代快生活节奏的需要，同时有利于缓解城市交通日益拥挤的状

况；大多数个人消费者仍习惯于亲自接触和了解商品，然后再决定是否购买；缺点是信用卡使用不普及，付款不方便，送货上门的物流系统还不健全。

零售商的特点是销售对象为最终消费者，交易比较频繁，每次交易的量比较小。

（二）按是否拥有商品所有权分类

中间商按其是否拥有所经营商品所有权划分，可分为经销商和代理商两类。

1. 经销商

经销商泛指拥有商品所有权的批发商和零售商。

2. 代理商

代理商不拥有所经营商品的所有权，受委托代理商品经营业务，从代办业务中取得一定数量的佣金。

（三）按代理商与委托企业的业务联系的特点分类

1. 企业代理商

企业代理商是指受生产企业委托，签订销货协议，在一定区域内负责代销生产企业产品的中间商。

2. 销售代理商

销售代理商是一种独立的中间商，受委托全权独家经销生产企业的全部产品。

3. 寄售商

寄售商是受托经营现货代销业务的中间商。

4. 经纪人

经纪人是既无商品所有权又无现货，不承担风险，只在双方交易洽谈中起媒介作用的中间商。

【案例】

美的——帮出来的好汉

美的空调自1996年开始创建性地提出与供应商建立永久性的战略合作伙伴关系以来，已与很多供应商之间达成了合作协议。美的与上游供应商和下游经销商之间的战略伙伴关系是“同心、同步、同超越”。

所谓“同心”指的是真正稳定的上下游关系，意味着要建立长期的战略合作关系，意味着上下游各企业对各自发展目标、经营理念、市场前景的认同和理解。只有上下游各级企业同心，才能谋求发展，只有上下游各级企业同心，才能实现共荣。“同步”的意思是，美的是个大命运共同体，美的的发展离不开上下游企业的发展，上下游企业的发展不能离开美的空调长期的市场策略。“同超越”则是指美的空调是创新领导者，创新的本质在于不断地自我否定，不断地自我超越；经历了多年的发展，上下游企业都会不可避免地遇到进一步发展的瓶颈，因此上下游各企业都应该抛弃旧有的思想习惯，改变旧有的行为方式，共同突破发展的瓶颈，共同实现新一轮的快速增长。在企业发展规划中，美的明确提出：制造系统的工作要密切围绕品质和成本两大主题，以战略性合作伙伴关系为纽带，积极探索制造模式的创新和生产组织体系的发展，最大限度地发挥资源配置和规模效应。多年的生产实践证明，与供应商之间的良好协作关系是企业优化资源配置、强化成本和品质管理工作的基础，是全面参与市场竞争和提高核心竞争力的必然选择。

项目 4　分销渠道的管理

一、如何选择渠道成员

（一）选择渠道成员时要考虑的因素

（1）中间商的信誉和知名度，中间商的目标和要求。

（2）中间商的实力，中间商是否具有经销某种产品所必要的专门经验、市场知识、营销技术和专业知识。

（3）对企业产品的熟悉程度。

（4）预期合作程度。

（5）市场覆盖面。

（二）渠道成员选择的方式

1. 生产者比较容易找到特定的商店并使之加入渠道系统

它之所以能吸引经销商前来加入渠道系统，一种可能是因为它很有声望，另一种可能是因为经销它的产品能赚钱。在某些情况下，独家分销或选择分销的特权也会吸引大量中间商加入其渠道。对于比较容易找到所需数目的中间商的生产者来讲，其所做的主要工作是选择适当的中间商。

2. 生产者必须费尽心思才能找到期望数量的中间商

生产者必须研究中间商如何作出购买决策，尤其是他们制定决策时，对毛利率、广告与销售促进、退货保证等重视的程度。此外，生产者还必须开发一些能使中间商有较大盈利的产品。一般来讲，生产者要评估中间商经营时间的长短及其成长记录、清偿能力、合作态度、声望等。当中间商是销售代理商时，生产者须评估商店的位置、未来发展潜力以及经常光顾的顾客类型和数量。

二、如何激励渠道成员

（一）生产者对中间商不满的主要原因

（1）不重视某些特定品牌的销售。

（2）缺乏必要的产品知识。

（3）不认真使用供应商的广告资料，自做主张进行虚假宣传造成不良影响。

（4）忽视或怠慢某些顾客。

（5）不能准确地保存销售记录，轻视溯源管理等。

（二）生产者如何与中间商建立和谐的合作关系

1. 达成共同的远景目标

作为长期的合作关系，渠道成员的关系需要一个有吸引力、为渠道成员所意欲追求的光明远景（共同目标），使渠道成员着眼于未来和大局，竭诚合作，为实现共同的目标而努力。一般而言，短期目标很难具有一致性，并非每个渠道成员都对其有所期许，而长期目标则能分散大家的短期利益纷争，使目标趋向一致。

2. 相互信任

合作伙伴之间的相互信任是发展长期稳定合作的基础，它既是合作关系发生的前提，又是合作成功的重要推动力，而另一方面，合作失败的原因往往就是缺乏信任。例如，宝洁和沃尔玛之间并没有产权关系，但其关系却能够长期稳定地维系，究其原因就是双方的高度信任。

【案例】

沃尔玛充分信任宝洁，让宝洁分享销售和价格信息，并将一部分订单处理和存货管理的控制权授予宝洁；而宝洁也充分信任沃尔玛，认同其天天低价的经营哲学，并投资于专门的信息网络。宝洁高度关注沃尔玛的定货量，其销售队伍集中力量去寻找如何提高沃尔玛的销售业绩，使双方的利润最大化。

3. 行动上互相配合

渠道成员间的合作不同于企业内部的分工协作，后者可以依据企业内部的管理机制来展开协作，而前者由于没有权威的调整系统，合作依据的是信息、契约等平台以及良好的信任、理解，从而实现自动地调整企业的行为，在共同目标实现过程中相互配合，整体行动。

【案例】

国美与很多家电厂家都发生过冲突。此前，济南国美遭到联想停货一个月的处罚，原因是国美在对其电脑进行促销时，联想认为有变相降价的嫌疑，违反了联想全国统一定价的原则。商家促销时我行我素，根本不考虑厂家的感受，这种没有厂家配合的促销活动不仅无法达到预期的目的，还损害了双方长期发展的关系。

4. 信息与利益的共享

渠道成员要达到彼此行动上的完美配合，在信息平台上充分地共享信息是十分关键的。如沃尔玛和其分销商之间的合作，是建立在健全的信息系统的基础上的，只有实现了信息的及时、准确的双向流动，才能使双方的配合协调、高效率。同时，共同远景目标使渠道合作伙伴在行动上相互配合，其分配模式也必然是利益共享的，而这种共享必须是阶段性的共享，以不断地激励合作伙伴为共同的目标而努力，这正是所谓的“双赢”。

（三）生产者对中间商的激励措施

一些行之有效的激励措施主要包括以下几方面：

（1）提供适销对路的优质产品。

（2）提高中间商可得的毛利率，放宽信用条件，或改变交易关系组合，使之更有利于中间商。

（3）共同搞好推销，如刊登广告，引导顾客去购买，举办商品展销，培训销售人员等。

（4）商品数量充足，价格合理，必要时做适当的让利。

（5）帮助中间商改进经营管理。

（6）减少中间商风险，如允许商品销售后付款，对不合格及残损商品予以退换，提供相应的维修、安装、使用服务等。

（7）采取人为的方法来刺激中间商，使之付出更大努力。例如，可以指出他们的问题，迫使他们创造更有效的销售业绩；举办中间商销售竞赛，激励销售；加强对最终顾客与中间商的广告宣传来扩大销售等。

不论上述方法是否与真正交易关系组合有直接或间接的关系，生产者都必须仔细观察中间商如何从自身利益出发来看待理解这些措施，因为在渠道关系中存在着许多潜伏的矛盾，拥有控制权的生产者很容易无意识地伤害到中间商的利益。

生产者必须尽量避免激励过分与激励不足两种情况。

三、如何消除渠道冲突

（一）渠道冲突的类型

1. 同质冲突

即两个企业在同一水平上的冲突，如制造商 A 和制造商 B 之间的冲突。

2. 水平冲突

即某一企业同一层级的分销商之间的冲突，如企业分销系统中的大卖场和百货店之间的冲突。

3. 垂直冲突

即某一企业分销渠道系统内纵向成员之间的冲突，如制造商和终端卖场的冲突等。

渠道冲突历来是渠道管理中令人头疼的问题，解决问题的关键是如何从根本上防止冲突的发生。

（二）渠道冲突的主要表现形式

1. 市场窜货

窜货，即跨区销售，是令所有渠道管理人员头疼的问题，一旦发生窜货，辛辛苦苦打下来的市场就会被冲得七零八落，如果处理不当，将使企业蒙受巨大的损失。窜货将导致企业的价格体系混乱，使中间商的利润受损，导致分销商对企业产生不信任感，对分销的产品失去信心，甚至拒售。同时，由于窜货导致的地区价格差异悬殊，使消费者对产品产生畏惧心理，对企业的品牌造成损害，而竞争性品牌可能乘虚而入，取而代之。

2. 市场支持与促销

企业在进行市场推广时，通常会希望得到分销商的合作与支持，尤其是在广告宣传方面更是希望分销商能够承担部分宣传费用，支持自己进行广告宣传。但由于分销商往往都有“搭便车”的动机，因为借助制造商的广告宣传不仅能够增加销量，而且能够同时提高自己的知名度，因此，他们往往希望制造商多向最终消费者进行广告宣传。即使分销商愿意承担部分促销宣传费用，但由于分销商在实力、规模、经营目的等方面存在差异，往往会采用各不相同的促销策略，有时甚至是擅自更改预定的促销方式和内容，从而导致出现市场秩序混乱的局面。

3. 季节性销售

由于季节性原因，企业产品的销售往往存在淡旺季的问题，如北方市场的冷饮、空调等。在旺季时，分销商往往要求企业大量供货，提供供货保证，缩短供货周期，以防止产品的“脱销”。而在淡季时，企业往往要求分销商多囤货，因为这样既能占用分销商的资金，防止竞争性产品进入，又为旺季实现高铺货率、占领市场做好准备。而此时分销商则不愿意投入资金大量存货，而希望将资金投入到其他热销产品的经营中，以获取更大利润，厂商之间的矛盾也由此产生。

4. 销售回款

在渠道管理中，企业往往希望分销商尽快回款，以加快资金的周转，同时缓解企业的资金压力；而分销商则希望尽量延期付款，最好等到其下一级分销商回款之后再付款，以使自己承担的风险最低。通常的情况是企业的分销商都是在支付定金或完全依靠信用的基础上，先行提货，待货物售出后，再付清全部货款。但总分销商通常又以同样的方式将货物转让给其下级分销商，依次类推，构成了一个很长的回款链条，导致货款很难最后付清。而一旦链条中的某一个环节出现了问题，都会把风险转移给制造商，从而使企业蒙受损失。

5. 折扣

折扣是渠道政策中比较常用的一种，企业总是希望尽可能地实现自己的利润目标，而只给分销商以较低的折扣率；而分销商也要求利润最大化，因而要求企业给予更优惠的条件和更高的折扣率，冲突由此产生。

6. 经销区域混乱

在经销区域的问题上，企业总是希望各分销商能够划地为界，集中精力做好自己分销区域内的销售工作，但有些分销商受利益驱动，往往会有意识地侵蚀其他分销商的经营区域，从而造成企业整体市场的混乱和分销系统内的恶性竞争。

在渠道调整的问题上由于市场环境的变化，或者企业分销目标的调整，企业有时不得不对分销系统进行调整，如对分销系统成员的增加、减少或者更换。增加渠道成员可能会引起现有成员的不满，而减少渠道成员则可能导致渠道忠诚度的降低，从而诱发渠道冲突。

（三）渠道冲突的解决方式

1. 一致性的战略目标

【案例】

北京翠微大厦在北京商界规模不是最大的，位置也不是最优越的，促销打折的力度也不是最强的，但翠微大厦的销售业绩却一直不错，2011 年 4 周年店庆期间更是创造了 3 天销售额达 7 500 万元的销售业绩。翠微的成绩固然有商场日常管理方方面面的功劳，但翠微与其供应商良好的合作关系是不可忽视的原因。一直以来，翠微坚持为供应商创造良好的经营氛围，在翠微不存在“人情款”，供应商只需持卡到机子上一划或上网就可以随时结算货款。由于翠微“一卡通结算”的制度加快了供应商的资金周转，无形中增加了供应商的收益，所以供应商就愿意把最新、最畅销的商品优先供给翠微，形成了良性循环。在店庆期间，为了给消费者以真正的优惠，翠微向供货商让出一部分利润，同时供应商也让出一部分利润，使消费者真正得到实惠。部分供应商在翠微店庆期间创造了全国单店最高日销售额。

分析：

翠微大厦与其供应商之间的关系可以说是一种典型的没有产权联系的伙伴型关系，这种靠信用联系的合作关系使每一个进入翠微的厂商都与翠微结成了一个“一荣俱荣，一损俱损”的整体，双方致力于共同发展。由于伙伴型营销渠道引入了远景目标和信任机制，所以渠道成员的长期目标具有高度的一致性，在行动上也保持高度的一致，谋求共同发展与长期利益最大化成为最优的选择。另外有效的沟通和持续利益共享机制使渠道成员在如何达到共同长期目标的问题上能够迅速、高效率地达成一致，有效避免了渠道冲突。

2. 明确的分工和角色定位

【案例】

宝洁公司在每一地区通常发展少数几个分销商，通过分销商对下级批发商、零售商进行管理。分销商的选择标准主要包括：规模、财务状况、商誉、销售额及增长速度、仓储能力、运输能力及客户结构等指标。该经销商成为宝洁的分销商后，宝洁公司将协助其制订销售计划和促销设计，乃至派驻销售经理直接在分销商公司办公。

分析：

渠道是核心成员（制造商或者是制造商与其核心伙伴的共同体）从如何使产出效率最大而成本最小的根本原则出发，选择合适的渠道成员而构成的系统。在这个系统中，各个渠道成员分工明确，是一个有机的整体，从某种程度上看，伙伴型的渠道系统可以被看作是一个“超组织”，它继承了一体化渠道组织的效率性和分工明确的特征，以及“柔性”一体化组织模式低成本的优势，各个渠道成员角色定位具体明确，有效地避免了由于分工和角色归属差异所产生的渠道冲突。

3. 顺畅的沟通渠道

【案例】

对现实认知的差异而产生渠道冲突的主要原因是渠道成员之间没有实现即时有效的沟通。我们再来看一下宝洁的做法，宝洁公司有一大批中高级管理人员，都在阿肯色州的最大现场办公室工作，因为这里与他们的顶级顾客沃尔玛相邻。在办公室里，一套巨大的网络平台系统与沃尔玛连接，24 小时不停地工作，沃尔玛的存货情况、即时的产品需求、补货数量、时间、顾客的意见反馈都以最快的速度传输到宝洁公司办公室，使得宝洁公司能够据此随机应变，快速地根据市场变化调整策略。而对于级别较低的渠道成员，宝洁公司则采用电话、传真、普通互联网络、邮寄、人员等方式进行沟通和了解。宝洁公司还会指令驻分销商人员或者定期派出市场渗透人员到其他各类终端进行沟通，在助销的同时随时向总部反馈信息。

分析：

可见，这种即时性的沟通大大增强了渠道成员之间的相互了解，对于市场上或渠道中的一些变化，双方能够迅速地沟通并达成一致，有效避免了误会和本位主义的产生。另外，伙伴型营销渠道系统内的成员都与核心企业有相对较长的交易历史，除了双方的相互了解和信任外，共同的市场经历也有利于成员在面对市场变化时作出同一的反应。这种机制有效降低了由于信息不畅导致的渠道冲突产生的频率。虽然不是所有的企业都像宝洁一样具有如此强大的实力，但我们完全可以遵循增加沟通与了解的原则，在厂商之间建立一种制度，如互派联络员、双方各个层次的管理人员的定期例会等，来增加双方的沟通和了解，避免由于信息不对称而产生渠道冲突。

四、分销渠道的发展趋势

（一）渠道权力中心向渠道终端转移

渠道的权力中心从渠道上游（制造商）向渠道的末端（零售商）转移的根本原因是消费者需求不断呈现出个性化、多样化的特征。而同时其需求的变化又是频繁、迅速的，因为零售商作为市场的“守门人”，最直接接触消费者，可以及时地把握消费者需求的动态。

【案例】

2002 年 4 月，在天津和南京接连举办了两场跨国零售集团大型国际采购会，家乐福、沃尔玛、麦德龙等几乎所有的零售巨头纷纷到场。为了打败竞争对手，不等国际买家杀价，中国厂商们开始自动杀价，而被各供应商围在当中的国际采购买家不断压价时的惨烈场面，让业内人士惊心不已，最后的成交价更是低得不可思议。随着买方市场的来临，那种供不应求、以生产者为中心的时代也一去不复返了，取而代之的是以消费者为中心的回归。这使消费者成为生产经营活动的主导，消费者可以按照自己的需求和个性特点进行设计、采购和消费商品，而企业则必须按照消费者的需求特点来组织生产。

2000 年 7 月 12 日，沈阳商业城交电公司向海尔集团预定了 500 台海尔当时还没有生产的 6 公斤银灰色滚筒式洗衣机。该品种是沈阳商业城交电公司根据东北地区气温、流行色彩等需求特点而自行设计的。由于零售商最接近顾客，最了解顾客需求，对市场的估计更加准确，因而不会造成库存积压或供货不及的后果。这在很大程度上节约了生产厂家的储存成本，保证了厂家的稳定性，降低了产品的价格，使其在价格上占有绝对优势。

（二）根据消费者需求组织生产和分销，保持渠道的稳定性

国际汽车分析家认为，今后将盛行妇女车、高龄车、福利车、娱乐车、经理车、休闲车、新生代车等，此外还有一种怀古车也极具魅力。而这些概念在几年前还没人提起，甚至也没有人知道，但如今这些概念正在汽车制造商那里转变为真切而现实的个性化汽车产品，来满足不同顾客的需求。2000 年，美国新型的“甲壳虫”轿车售价达 23 000 美元。通用汽车公司认为，今后汽车的发展趋势是体现时尚化和个性化的，因此要把满足消费者的个性化需求放在企业营销活动的核心位置上，并且有根据需求迅速组织生产、分销的能力。

因此，为保证市场信息及时、有效地获得和传递，又要求企业的渠道系统保持相对的稳定性和一致性。

【案例】

从 1996 年开始，针对中国市场大型零售终端快速发展的情况，宝洁公司调整了其分销策略，将超市作为宝洁公司的直供客户，跨过中间商，直接与零售终端合作。宝洁公司的这种策略性调整使所有宝洁分销商面临着终端超市和厂家的双重压力，分销商该向何处去？众多分销商陷入了迷茫。

为帮助分销商迎接新的挑战，全面推进宝洁公司的渠道管理，宝洁公司在 1999 年 7 月推出了“宝洁分销商 2005 计划”。计划指明了分销商的生意定位和发展方向，详细介绍了宝洁公司帮助分销商向新的定位和发展方向过渡的措施。在计划中，宝洁公司指出，分销商的未来发展定位是现代化的分销储运中心、向厂商提供覆盖服务的潜在供应商、向中小客户提供管理服务的潜在供应商。宝洁公司的策略是建设由战略客户组成的分销商网络，宝洁的分销商必须将宝洁的生意置于优化发展的地位，战略性一致是分销商与宝洁共同发展的关键。

根据上述原则，在 1999 年上半年，宝洁将分销商数目削减了 40%，同时推出 14 天付款优惠条款、600 箱订单优惠条款、核心生意发展基金等措施，改善分销商的生意环境，使宝洁战略性客户获得了极大的信心。

同时，宝洁投资 1 亿元人民币，用于分销商信息系统建设和车辆配置，逐步使分销商运作实现初级的现代化，分销商与宝洁、分销商与其下游客户实现了初级电子商务；宝洁公司还建立了多部门工作组，向分销商提供全面的专业化指导，以全面提高分销商的管理水平和运作效率，提升分销商的竞争能力。

宝洁公司认为，经过这一系列的措施，分销商和宝洁一起经历了深刻的变革，分销商获得了成长，重要的是分销商和宝洁达成的战略性共识和全面协作，这将帮助宝洁实现最终的胜利——实现分销管理和运作的现代化，全面提升分销商的市场竞争力。

分析：

实现渠道关系的和谐顺畅，对分销渠道有效地管理和控制是每一个制造商的心愿和梦想，但面对整体信用制度不完善的商业环境，制造商似乎很无奈。于是一些有实力的大型制造商开始摆脱分销商的约束，自己投资建立分销网络，进入分销领域，实现对渠道的全面管控。而巨额的投入和高昂的渠道维护运营成本似乎又成为制造商心头的一缕酸涩。鱼和熊掌可以兼得吗？答案是肯定的。

宝洁中国公司的案例给我们提供了一个有力的启示——渠道运作的关键是要和分销商达成战略上的一致，才能实现长期的稳定合作。这种渠道关系就是伙伴型渠道关系。虽然不是每个制造商都如同宝洁公司一样拥有巨大的品牌号召力，但宝洁的案例确实提供给我们一个可以遵循的途径和思想方法——发展与分销商的长期战略伙伴关系，把分销商当成自己的生意伙伴，而不再仅仅是自己的客户和交易对象。

【任务互动】

任务内容：写出案例分析报告。

任务目的：正确认识生产者与中间商的关系。

任务步骤：第一步，阅读案例；第二步，写出分析报告。

任务建议：采用小组讨论。

【模块小结】

本模块主要介绍了分销渠道的基本知识、中间商知识和渠道管理知识，学习者学习进入渠道开展营销活动，并能参加新渠道的建设工作，能正确选择合适的中间商，保证分销渠道的顺利运转。

【练习题】

一、单项选择题

1. 渠道设计的中心环节是（　　）。

A. 确定渠道限制因素　　B. 明确渠道成员的任务

C. 加强渠道的监督与控制　　D. 确定达到目标市场的最佳途径

2. 产品从生产者流向最终消费者的过程中不经过任何中间商转手的市场营销渠道叫（　　）。

A. 一级渠道　　B. 二级渠道　　C. 三级渠道　　D. 零级渠道

3. 下列哪项不属于分销渠道（　　）

A. 代理中间商　　B. 商人中间商　　C. 生产者和用户　　D. 辅助商

4. 生产消费品中的便利品企业通常采取（　　）的策略。

A. 独家分销　　B. 选择分销　　C. 密集分销　　D. 无店铺分销

5. (　　) 主要用于分销产业用品。

A. 一层渠道　B. 二层渠道　C. 零层渠道　D. 三层渠道

6. 零层渠道通常叫作 (　　)。

A. 直接分销渠道　B. 分销渠道　C. 零售商　D. 渠道流程

7. 分销渠道的长短一般按流通环节多少来划分，一级渠道模式包括 (　　)。

A. 批发商　B. 代理商　C. 零售商　D. 采购商

8. 大型设备、专用工具一般采取 (　　)。

A. 直销　B. 广泛分配　C. 密集分销　D. 自动售货

9. 制造商在某一地区仅选择一家中间商推销其产品，通常双方协商签订独家经销合同，规定经销商不得经营竞争者的产品，以便控制经销商的业务经营，这种形式称为(　　)。

A. 密集分销　B. 选择分销　C. 独家分销　D. 销售联合

10. 有条件地选择部分中间商销售企业产品的分销形式属于 (　　)。

A. 密集分销　B. 选择分销　C. 独家分销　D. 短渠道分销

11. 分销渠道的宽度是指 (　　)。

A. 中间环节的多少　B. 生产厂家的多少

C. 同一层次分销点的多少　D. 不同层次分销点的多少

12. 按照流通环节或层次的多少，分销渠道科分为 (　　)。

A. 直接渠道和间接渠道　B. 长渠道和短渠道

C. 宽渠道和窄渠道　D. 单渠道和多渠道

13. 某食品厂在市区分设了80个放心早餐经营点，其销售渠道采用的是 (　　)。

A. 零级渠道　B. 一级渠道　C. 二级渠道　D. 三级渠道

14. 以下不属于零售商的类型的是 (　　)。

A. 超级市场　B. 采购办事处　C. 式商场　D. 专业店

二、多项选择题

1. 根据渠道宽度决策的不同，分销模式可分为 (　　) 三种。

A. 垂直分销　B. 密集分销　C. 选择分销

D. 联合分销　E. 独家分销

2. 市场状况是选择销售渠道的重要因素，主要应考虑 (　　)。

A. 消费者对新产品的要求　B. 消费者的数量和分布情况

C. 销售量大小　D. 消费者的购买习惯

E. 竞争者的渠道

3. 下列既属于分销渠道又属于市场营销渠道的是 (　　)。

A. 供应商　B. 消费者　C. 生产者

D. 辅助商　E. 商人中间商

4. 在分销渠道中一般不包括 (　　)。

A. 供应商　B. 批发商　C. 零售商

D. 辅助商　　E. 代理商

5. 市场营销渠道的层次主要包括（　　）。

A. 一层渠道　　B. 二层渠道　　C. 三层渠道

D. 多层渠道　　E. 零层渠道

6. 生产者在处理与经销商的关系时所采用的方法有（　　）。

A. 竞争　　B. 合作　　C. 合伙

D. 分销规划　　E. 躲避

7. 企业在经营下列哪种产品情况下最好选择较短的分销渠道（　　）。

A. 鲜活易腐产品　　B. 技术性强的产品　　C. 体积大、重量大的产品

D. 成熟期的产品　　E. 有传统特色的产品

8. 确定渠道目标应考虑的因素包括（　　）。

A. 目标市场定位　　B. 顾客特性　　C. 产品特性

D. 中间商特点　　E. 竞争特性

【技能实训】

1. 实训名称：营销渠道管理。

2. 实训目的：通过实训，熟悉中小企业是如何选择分销渠道模式的，了解企业现有渠道运行的状况及存在的问题，了解企业是如何化解渠道矛盾和冲突的。

3. 实训组织：

（1）人员：4~5 人组成小组，选定小组长，以小组为单位进行训练。

（2）时间：与课程模块八教学同步。

（3）地点：多媒体教室或营销实训室。

4. 实训要求：

（1）精心进行分销渠道知识和相关资料准备。

（2）认真选择调查分析对象（某企业某产品），了解其渠道选择、渠道运行、渠道管理的状况。

（3）运用所学知识深入分析企业渠道设计、运行、管理中的问题，指出其成功与失误之处。

（4）写出改变现状的分析策划报告。

5. 实训评价：

（1）小组互评。

（2）教师点评。

模块九　促销策略

【知识目标】

1. 理解促销的概念、作用与原则
2. 掌握促销组合的基本策略、常用方法和技巧
3. 了解促销及企业促销组合的四种方式的含义

【技能目标】

1. 领会促销的作用
2. 进行基本的促销活动策划，能写出促销活动策划书
3. 正确运用促销组合的基本策略、常用方法和技巧去占领目标市场
4. 领会广告的作用
5. 掌握广告媒体选择的影响因素和广告设计的基本内容
6. 领会公共关系的含义、特点和作用
7. 掌握企业公共关系活动的方法
8. 领会人员推销的特点
9. 掌握营业推广的手段和方法

【引导案例】

把梳子卖给和尚

某梳子制造商招聘营销人员，说：“我要的是特殊的营销员，任务是把梳子卖给和尚。”不少应聘者一听就走了，最后剩下三人未走，梳商交代三人：“以 10 日为限，届时各自将销售成果汇报给我。”

10 日到期。小 A 卖出 1 把：偶在下山途中见一小和尚晒太阳挠头皮，忙递上梳子，顿觉解痒，于是买了 1 把梳子。小 B 卖了 10 把：一座高山古寺山高风大，找到寺院主持，说应在每座庙的香案前放把梳子，供善男信女梳理鬓发。小 C 卖了 1 000 把：一座深山古寺，对主持说，凡来进香朝拜者都有一颗虔诚之心，宝刹应有所馈赠，保佑其平安吉祥，我有一“积善梳”可作赠品。主持大喜，买下 1 000 把“积善梳”留赠施主与香客。

思考：

把梳子卖给和尚给你何种启示？请联系实际谈谈你的看法。

分析：

这则故事听则为奇，其实合情合理。第一，经营者要善于创造需求，应该说能把梳子卖给和尚的推销员，才是高明的推销员；第二，经营者要善于寻找和满足还未被满足的市场需求；第三，推销商品要善于打空档、找盲点；第四，要换位思考，设身处地站在消费者的角度为消费者着想，体现一种关爱与体贴，从而找到需求点，把生意做活；第五，推销者除了要有不厌其烦上门推销的精神外，还应学习向和尚推销梳子的技巧。

项目 1　促销与促销组合

一、促销的内涵

促销既是一门科学，也是一门艺术。

1. 促销的含义

促销即促进销售，是指卖方向消费者或用户传递产品信息的一系列宣传、说服活动。通过人员推销或非人员推销的方式，传递商品或服务的存在及其性能、特征等信息，帮助顾客认识商品或服务所能带来的利益，从而引起顾客注意和兴趣、唤起需求、促使顾客采取购买行为，最终达到扩大销售的目的。

2. 促销的实质

促销的实质是沟通，是一种营销者与购买者之间的信息沟通的活动。

3. 促销的目的

促销的目的在于激起人们的购买欲望。

【案例】

今年“三八”，只花“38”元

2002 年 3 月，北京某美容院打出“今年‘三八’，只花‘38’元”的促销标语，在 3 月 8 日国际妇女节期间实施美容院全部服务项目“38 元”特价优惠活动。在促销活动开展的一周中，美容院门庭若市，吸引了大量消费者参与消费，其中一些消费者成为美容院的长期顾客。整个促销活动以美容院获得 53 名新顾客，产品销售额为 78 000 余元的业绩结束。

（来源：张润琴．市场营销基础．北京：高等教育出版社，2008）

分析：

1. “今年‘三八’，只花‘38’元”的促销主题，明确告知了消费者在活动中可以获得的利益，同时由于是企业的全部服务项目均参加促销，因此打消了消费者认为是滞销项目才进行促销的认识。

2. 只花"38"元的促销诱因，可以有效激发、鼓励消费者做出尝试、接触新产品、新项目的实际行动。

3. 消费者的大量光临给美容院销售产品、留住顾客、制造热卖场景、提高企业声誉创造了有利的条件。

4. 促销的目标

促销的目标主要包括：传递产品信息、激发购买欲望、突出产品特色、建立产品信誉、扩大销售份额。

5. 促销的作用

促销的主要作用有以下四个方面：

（1）提供信息，传递信息，沟通情报。

（2）树立形象，突出特点，诱导需求。

（3）引导消费，增加销售，扩大市场。

（4）优化竞争，稳定销售，增加利润。

6. 促销的方式

促销的基本方式分为人员推销和非人员推销，非人员推销又包括广告、营业推广、公共关系三种方式。这几种方式的效果可以参见表9－1。

表9－1　几种基本促销方式的效果对比

	注意	兴趣	愿望	行动
人员推销	略微有效	略微有效	非常有效	最为有效
广告	非常有效	非常有效	略微有效	无效
营业推广	非常有效	略微有效	略微有效	非常有效
公共关系	非常有效	非常有效	非常有效	无效

（来源：［美］查尔斯·W. 小兰姆等. 营销学精要. 杨洁等译. 大连：东北财经大学出版社，2000.）

二、促销组合的内涵

促销组合是一种组织促销活动的策略思路，主张企业应把人员推销、广告、营业推广及公共关系四种基本促销方式组合为一个策略系统，使企业的全部促销活动互相配合、协调一致，最大限度地发挥整体效果，顺利实现促销目标。促销组合是一个重要概念，它体现了现代市场营销理论的核心思想——整体营销。

（一）促销组合的四种基本促销方式

1. 人员推销

指企业派出人员直接与消费者或客户接触，目的在于销售商品或宣传企业。

特点：信息双向沟通，建立良好关系、容易促成交易；成本高，对销售人员素质要求高，广而分散的市场不适。

方式：推销展示陈说、销售会议、交易会与展销会、电话营销、样品。

2. 广告

由确认的商业组织、非商业组织或个人支付费用，旨在宣传构想、商业或者服务的人和大众传播行为。

特点：传播范围广、易引起兴趣、费用低、可反复使用；单向性、促成作用低。

方式：印刷与广播广告、外包装广告、随包装广告、电视广告、简订本和小册子、海报和传单。

3. 营业推广

指企业运用各种短期诱因鼓励消费者和中间商购买、经销（或代理）企业产品或服务的促销活动。

特点：强化刺激、提供诱因、促销效果显著；不宜频繁运用、使用不当会影响产品销售，甚至影响企业形象。

方式：竞赛游戏、有奖销售、彩票、样品、交易会与展销会、赠送样品、包装兑现、折价包装、演示促销、优惠券、竞赛等。

4. 公共关系

指企业为建立传播和维护自身形象而通过直接或间接的渠道保持与公众的沟通能力。

特点：可信度高、良好信誉促进销售、持久性。

方式：报刊稿子、演讲、研讨会、年度报告、慈善捐款、捐款创造和利用新闻、举行各种会议、参与社会活动、建设企业文化。

【案例】

爱心营销

虽然很多企业把捐建希望小学当作一种“爱心营销”活动，但是更多企业却希望从爱心营销中蜕变出来，变营销活动为纯粹的爱心活动，得到更多的赞誉。

南方李锦记就是这样一个企业，2004 年 9 月 20 日，南方李锦记在中国内地捐建的第六所希望小学水美无限极海联小学在惠东安墩镇水美村落成，此前南方李锦记已相继在广西、四川、辽宁、黑龙江等省份捐建四所希望小学。2004 年年初，在中华海外联谊会的组织下，南方李锦记主动认捐 100 万，用于建设三所无限极海联小学。水美无限极海联小学是继吉林农安县天启王无限极海联小学之后落成的第二所海联小学，预计在 2004 年 10 月大连也将会有第三所海联小学落成。

（来源：张润琴．市场营销基础．北京：高等教育出版社，2008）

（二）影响促销组合和促销策略制定的因素

影响因素主要有：促销方式、产品性质、周期变化、目标市场、促销费用。

表 9－2　四种基本促销方式的优缺点比较

促销方式	优点	缺点
人员推销	直接沟通信息，反馈及时，可当面促成交易	人才难得，占用人员多，费用多，接触面窄
广告	传播面广，传播速度快，形象生动，可将信息艺术化，引起注意，加深印象	说服力较小，难以促成即时购买行为
公关关系	影响面广，容易得到顾客的信任，可提高企业知名度、美誉度和信赖度	接触面窄，有局限性，有时降低商品身价
营业推广	吸引力大，能激发购买欲望，可促成消费者当即采取购买行为	花费力量较大，效果难以控制，难以形成即时购买行为

就促销费用而言，一般来说，广告宣传费用较高，人员推销次之，营业推广花费较小，公共关系的费用最少。

此外，应针对产品所处市场生命周期阶段不同来确定促销的重点，如表 9－3 所示。

表 9－3　产品市场生命周期不同阶段的促销组合与目标重点

产品市场生命周期	促销目标重点	促销组合
进入期	建立产品的知晓度，使消费者了解产品	各种介绍性广告、营业推广、人员推销
成长期	提高产品的知名度	改变广告形式、营业推广、人员推销
成熟期	增加产品的美誉度	改变广告形式、利用公共关系、营业推广、提醒性广告
衰退期	促成信任购买，维持信任、偏爱	营业推广为主，辅以提醒性广告
整个周期阶段	消除顾客的不满意感	利用公共关系

（三）促销的基本策略

1. 推动式策略

推动式策略是以人员推销和营业推广为主的促销组合，把商品推向市场。具体方法有：访问推销、演示推销、实物展销、试看、试用、试听、附赠品销售等。

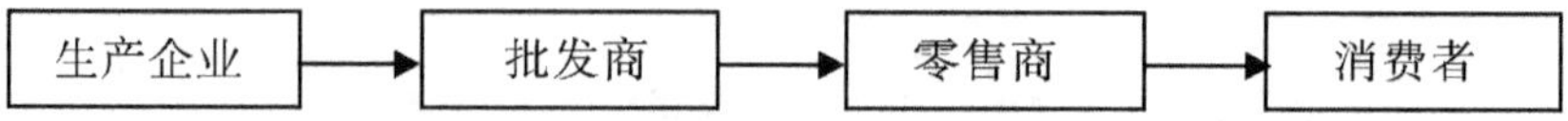

图9－1　推动式策略运用示意

一般来说，推动式策略多用于以下情况的市场促销：传播对象比较集中，目标市场的区域范围较小；处于平销状态、市场趋于饱和的产品；品牌知名度较低的产品；投放市场已有较长时间的品牌；需求有较强选择性的产品，如化妆品；顾客购买容易疲软的产品；购买动机偏于理性的产品；需要较多介绍消费、使用知识的产品。

2. 拉引式策略

拉引式策略是以广告和公共关系为主的促销组合，把消费者吸引到企业的特定产品上来。具体方法有：广告促销、信誉促销、服务承诺等。

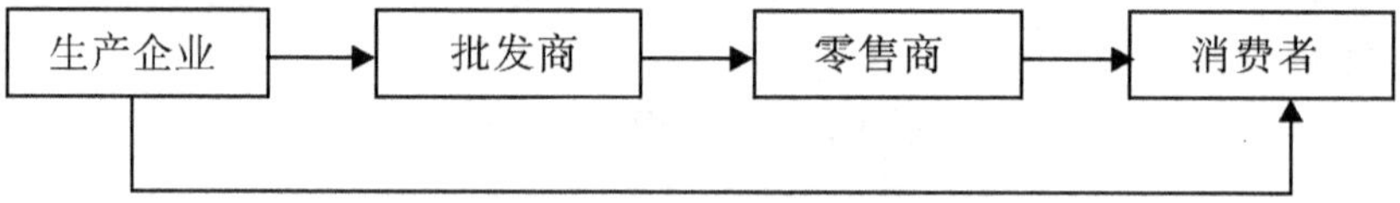

图9－2　拉引式策略运用示意

一般来说，拉引式策略多用于以下情况的市场促销：目标市场范围较大，销售区域广泛的产品；销量正在迅速上升和初步打开销路的产品；有较高知名度的产品；感情色彩较浓的产品；容易掌握使用方法的产品；选择性的产品；经常需要的产品。

【课堂思考与练习（一）】

1. 企业促销组合有哪四种方式？举出一种促销方式说明其特点及适用性。
2. 产品处于成熟期阶段的促销目标重点及使用的促销方式是什么？

项目 2　广告促销策略

一、广告概述

1. 含义

广告，顾名思义，就是广而告之。

广告是促销组合中受到普遍重视和应用的促销形式。广告是以促进销售为日的，付出一定的费用，通过特定的媒体传播商品或劳务等有关经济信息的大众传播活动。

【案例】

格力空调的广告词有“买得放心，用得开心”、“格力空调，格力造”、“好空调，格力造”等。

2. 要素

广告的基本要素包括：

（1）广告主。即广告者，发布广告的企业、团体和个人。

（2）广告信息。指广告的主题、信息内容。

（3）广告媒介。即传播广告信息的载体。

（4）广告费用。指广告制作、广告传播等所需的开支。

3. 特点

广告的主要特点有：传播范围广、容易引起消费者兴趣、费用低、可反复使用、单向性、促成作用低等。

在市场竞争日益激烈的情况下，企业决策者的观念应当从过去考虑做不做广告，转变到策划怎样做好广告以创造需求、培养新的消费观念、树立企业与产品形象等方面上来。

【案例】

法国某小镇上有好几家酒店，其中一家酒店门口的广告牌上公然声称：“本店素来出售掺水 10% 的陈年老酒，如有不愿喝掺水者，请预先声明，饮后醉倒，概与本店无关。”结果，该酒店的生意反而比那些做出“决不掺水”承诺的商家要好得多。

二、广告的分类

1. 告知性广告

以提高产品知名度为目标。

主要用于推出新产品，目的是为产品创造最初的基本需求。例如，生产酸奶这一新产品的企业必须通过广告告诉消费者，酸奶有哪些营养学方面的优点。

【案例】

“人头马一开，好事自然来”；“蓝带啤酒，天长地久”；“喝宋河好酒，交天下朋友”。

2. 劝说性广告

以建立需求偏好为目标。

为特定厂牌确定选择性的需求。例如，通过广告使消费者相信该产品与市场上其他任何牌号的同类产品都不同，要优越得多。劝说性广告广泛用于竞争激烈的产品。

【案例】

达克宁广告词：“不但治标，还能治本。”

3. 提示性广告

以提醒使用、增加销售为目标。

在产品成熟期极为重要，使消费者记住某牌号产品。例如，可口可乐在电视、路牌、杂志等媒体做广告，提醒人们有可口可乐饮料的存在。

【案例】

乐百氏奶的广告词：“今天你喝了没有?”

三、广告的作用

1. 传递信息，沟通供需

广告的基本职能是把商品信息通过广告媒介传递给可能的买主，起到沟通供需的作用。

2. 激发需求，扩大销售

广告有针对性地向顾客介绍产品，激发起消费者的购买欲望，可促成其购买行为的实现。

3. 介绍知识，指导消费

广告通过简明扼要、形象有趣和富有哲理的语言及图像，向消费者介绍产品的基本知识。

4. 扩大企业影响，增强竞争能力

通过广告宣传和诱导，开拓市场、占领市场。

四、广告的基本要求

（1）真实性。

（2）思想性。

（3）针对性。

（4）艺术性。

（5）效益性。

【案例】

“万家乐，乐万家”；“东阿阿胶，补血圣药”；“常服百年乐，健康乐百年”。

五、广告的表现策略

（1）新：不落俗套，耳目一新。

（2）奇：异峰突起，出奇制胜。

（3）趣：引人入胜，趣味无穷。

（4）险：出其不意，以险取胜。

（5）怪：超越常识，以怪取胜。

（6）实：以实取信，实事求是。

【任务互动】

任务内容：广告促销的运用。

任务目的：认识提示性广告的特点。

任务步骤：第一步，选一则较典型的提示性广告；第二步，分析成功原因。

任务方式：分组讨论（4 ~6 人一组）。

六、广告的心理策略

企业在广告宣传中运用心理学原理，使广告诉求符合消费者的心理需求，达到预期的广告效果。常用的广告心理策略有：

1. 广告诱导心理策略

抓住消费者潜在的心理活动，使之接受广告宣传的观念，自然地诱发出一种强烈的需求欲望。

2. 广告迎合心理策略

根据消费者不同的心理，在广告中采取不同的对策，以迎合不同消费者的需求心理，刺激购买。

3. 广告猎奇心理策略

采取特殊的表现手法，使消费者产生好奇心，引发出购买欲望。

【案例】

巴黎一家商店橱窗里的广告总是错误百出，有时令人啼笑皆非。当有人善意地指出其错误时，老板却微笑着回答："我是故意这样做的，目的是让人以为我是一个糊涂虫，因而愿意到我店购货。因广告有语法错误，我的营业额扩大了三倍。"

分析：

销售商品必须抓住顾客心理，广告策划也不例外。这位老板成功的诀窍主要是抓住了人们贪便宜的心理，以为老板糊涂，占了便宜，立即激起了他们的购物兴趣，进而达到了营业额倍增的奇效。出奇制胜的广告促销创意是值得借鉴的。

七、广告的 AIDAS 策略

企业广告的总目标是吸引消费需求，促进产品销售。要想达到这一目的，就需要研究广告目的的实现策略。

AIDAS 是注意（Attention）、兴趣（Interest）、欲望（Desire）、行动（Action）、满意（Satisfaction）5 个英语单词第一个字母的组合。所以广告的 AIDAS 策略主要包括：①唤起注意；②引起兴趣；③激发欲望；④导致行动；⑤购后满意。

【案例】

美国著名的广告大师帮柏，受托为“爱维士”出租车公司撰写广告。他在认真调查了当时出租车行业的营运状况后，为该公司编写了一句只有12个字的广告词：“我们屈居第二，自当全力以赴。”广告一经媒体播出后，很快使该公司的营业额倍增。据跟踪调查的结果表明，凡看到这则广告人都一致认为：广告甘认第二，说明质量相当可靠；又力争上游，必然具有生机和活力。

思考：

针对广告取得出人意料的经济利益，有何启示？

分析：

广告的成功在于恰当地运用了顾客“逆反心理”的经营策略，获得了出人意料的经济效益。在当今的广告竞争中，若因循守旧，人云亦云，只能受制于人，处处被动，而那些善于根据自家产品的特色，自揭其短、不落俗套的商品经营者，才能在市场营销竞争中立于不败之地。

【课堂思考与练习（二）】

1. 什么是劝说性广告？其特点是什么？举例说明。
2. 简要分析企业常用的广告策略。

项目3　公共关系促销

一、公共关系概述

1. 概念

企业组织为增进公众的信任和支持，创造最佳的社会环境，利用各种手段，沟通内外部关系，塑造自身良好形象，为企业生存发展创造良好环境的经营管理艺术。

2. 要素

公关促销的基本要素，主要包括以下三种：

（1）公关主体：社会组织（如企业）。

（2）公关客体：公众（如顾客、中间商、新闻界等）。

（3）公关手段：传播与沟通。

公关促销的这三个基本要素缺一不可。

3. 内涵

企业的公共关系活动，应以公众利益为前提，以服务社会为方针，以交流宣传为手段，以谅解、信任和事业发展为目的。

【案例】

1989年10月，英国航空公司一架波音747客机因故延时，绝大多数乘客都放弃此航班而离开了，最后只剩下一名女乘客山本莉子。尽管该机共有353个座位，飞行一趟需成本1 000万元，英国航空公司按民航条例，为赢得信誉，仍然只载这名乘客由东京飞往伦敦。机组的一位负责人这样说："别看我们这一趟损失了巨额成本费用，但我们严守信用，维护信誉，扩大了影响，为今后的发展奠定了基础。"

分析：

信誉是企业形象的核心，是促销的关键。英国航空公司深谙"人无信不立，店无信不昌"、"诚招天下客，誉从信中来"的经营奥秘，坚信企业有了信誉，才能招徕八方之客，使经营活畅，盈利大增；若失信于民，则会撵跑上门的生意，亏掉老本。企业形象是在经营过程中形成的，它可以是经营者着力塑造的结果，也可以是消费者对企业的一种主观感觉和评价。英国航空公司巧妙地利用"制造新闻"这一公关手段，为吸引乘客作了一次效果显著的免费广告宣传，其实并不吃亏。

4. 特征

公共关系的基本特征，主要包括以下几方面：

（1）公共关系涉及的不是一种产品或一个时期的销售额，而是有关企业形象的长远发展战略。

（2）公共关系的作用面相当广泛，其作用对象包括顾客、厂商、经销商、新闻媒介、政府机构、内部员工以及各方面的社会公众。

（3）公共关系采用的传播手段很多，既可以通过新闻、宣传等传播媒介间接传播，也可以通过人际交往形式直接传播。

5. 职能

公共关系的职能主要有：搜索信息、传播沟通、协调关系、处理纠纷、参与决策、改善环境、增进社会效益、树立企业形象等。

二、公共关系策略

公共关系策略分三个层次：

（1）公共关系宣传。即通过各种传播手段向社会公众进行宣传，以扩大影响、提高企业知名度。

（2）公共关系活动。即通过举办各种类型公关专题活动来赢得公众的好感，提高企业的美誉度。

（3）公共关系意识。即企业员工在日常的生产经营活动中所具有的梳理和维护企业整体形象的思想意识。

三、公共关系促销手段

企业营销活动中的公共关系通常采用以下一些促销手段：

1. 新闻宣传

通过新闻报道、人物专访、报告文学、记事、特写等形式，利用新闻媒体进行。

2. 公共关系广告

以宣传介绍企业的整体形象为内容，以提高企业的知名度和美誉度为目的，是一种久远的、战略性的宣传效应。

3. 企业自我宣传

运用所有自己能够控制的传播媒介进行宣传。

4. 人际交往

在人与人之间直接进行交流和沟通的公共关系形式。

企业营销活动中通常采用的主要促销公关工具有：公开出版物、事件、新闻、演讲、公益服务活动、形象识别媒体等。

【案例】

1957 年，在美国总统艾森豪威尔 67 岁寿辰到来的前一个月，美国人民从各种不同的新闻媒介中获得如下消息：法国人民为了表示对美国总统的友好感情，欲赠两桶极为名贵的、酿造达 67 年之久的白兰地酒作为给艾森豪威尔总统的贺礼。总统的寿辰与法国的白兰地有什么关系？白兰地是一种什么样的酒？它与艾森豪威尔总统有什么关系？这些疑惑引起了美国人民的极大好奇心。

原来这是法国白兰地厂商精心策划的一个公关活动。法国白兰地酒是当今享誉世界的名酒，但在 20 世纪 50 年代，此酒名声却只囿于法国本土，如何使世界认识法国白兰地，迅速进入各国市场，成为世界名酒，法国厂商绞尽脑汁。终于，他们找到了一个切入点——美国总统艾森豪威尔 67 岁寿辰。他们决定向总统赠送两桶酿造了 67 年的白兰地酒作为寿礼，以此形式表达对美国人民在“二战”中对法国支持的感激之情。

法国人民甚至全欧洲人民对艾森豪威尔总统有一种特殊的感情。“二战”中，当时的艾森豪威尔将军是欧洲战场盟军的统帅。“二战”后期，艾森豪威尔将军亲自指挥盟军在诺曼底登陆，开辟了反法西斯第二战场，率领盟军解放了法国。之后，又解放了整个欧洲。因此，对于曾遭德国法西斯奴役的法国人民来说，艾森豪威尔一直是他们心中的英雄。趁总统寿辰之机，献上两桶酿造了 67 年的精品白兰地，“礼不轻，情意更重”。既表达了法国人民对总统个人的敬重，也展示了法国人民对美国人民的深情厚谊。果然，这一活动立即引起美国和世界重要新闻媒体的注意，很快地，有关消息、文章接连不断地出现在报纸、电视中：有艾森豪威尔总统在第二次世界大战中的雄姿，法国人民可歌可泣的英勇斗争事迹，美国人民对往昔艰苦生活的回忆。当然还有大量介绍白兰地历史、制造方法、饮用习惯的文章。当时在美国迅速形成“白兰地热”。随着总统生日的临近，报道越来越多，人们品尝白兰地酒的欲望也越来越强烈，酒还未到，华盛顿已经弥漫着白兰地的“酒香”，赠送仪式当天，华盛顿出现了万人空巷的罕见景象。世界各国记者云集白宫，将赠送的场景迅速地传遍世界，引起了巨大的轰动。美国人似乎领悟出：这赠送总统品尝的白兰地酒，一定有其独特的魅力。

于是法国名酒——白兰地酒作为法美两国人民友谊的结晶，名正言顺地列入了美国国家宴会的酒类名单，昂首阔步地走上普通美国家庭的餐桌，很快也受到世界各国人民的青睐。

【任务互动】

任务内容：根据产品选择广告内容。

任务目的：寻求产品与广告目标的一致性。

任务步骤：第一步，收集有关资料及图片；第二步，举出一个典型实例分析；第三步，每组发表意见。

任务建议：分组讨论（4 ~6 人一组）。

【课堂思考与练习（三）】

1. 列举 5 项以上营销公关工具。
2. 企业的公关策略有哪些？

项目 4　人员推销策略

一、人员推销概述

1. 概念

人员推销是指企业通过推销人员深入中间商或消费者之中，直接进行产品推荐和介绍工作，以促使顾客采取购买行为。它是一种重要的促销方式，对于实现某些市场营销目标极其有效，但费用也较高。理解以下推销的几个要点：

（1）推销是一个活动过程。

（2）推销行为的核心在于激发并满足顾客的欲望和需求。

（3）在推销过程中，推销人员要运用一定的方法和技巧。

（4）推销的最终目的是促成购买行为。

推销人员应当做到以下六方面的推销：推销自己、推销观念、推销知识、推销企业、推销商品、推销服务。

2. 要素

人员推销有四个基本要素：推销人员、推销品、推销对象、推销信息。推销品主要包括：商品、服务、观念。

3. 特点

人员推销的主要特点包括：方式灵活、针对性强、及时成交、发展关系、反馈信息。

4. 核心

人员推销的核心问题是说服目标顾客，使他们接受其推销的产品或服务。

【案例】

1989 年美国总统布什访问我国。天津自行车厂得知，我国政府要按惯例准备给总统赠送礼物。该厂还了解到，在中美还未建交前，布什曾是首任美国驻华联络处主任，当时，他喜欢同夫人一起骑自行车逛北京。于是他们建议送总统夫妇两辆“飞鸽”牌自行车，既引发总统对往日美好的回忆，又以“飞鸽”寄予对未来的中美关系在和平的基础上发展的良好愿望。果然，这一平凡的礼物收到了良好的效果。在北京赠送现场，130 多家的新闻单位进行了实况报道。返回美国后，总统夫妇又在白宫草坪上兴致勃勃地骑着自行车，通过电视向美国人民展示中国人民送的礼物。

二、推销队伍的设计

1. 推销队伍的任务

寻找客户、传递信息、销售产品、提供服务、收集信息、分配货源。

2. 推销队伍的结构

可按地区划分结构；按产品划分结构；按顾客类别划分结构；复合式的结构。

3. 推销队伍的规模

人员推销的成本与企业推销工作的负荷量是考虑这一问题的两个基本依据。

三、推销队伍的管理

1. 推销员的选择

选择途径：一是从企业内部选拔；二是面向社会公开招聘。

选择标准：具有良好素质的推销员是降低人员推销成本、提高人员推销效率的基础，应根据推销工作特点来确定选拔标准。

推销员应具备的素质：强烈的服务精神；良好的职业道德；强烈的事业心和责任感；丰富的业务知识。推销员的业务知识主要包括四个方面：企业知识、产品知识、用户知识、市场知识；熟练的推销技巧；良好的个性；一定的语言艺术。

2. 推销人员的培训

培训内容包括本企业的历史现状、发展目标、人员、机构、产品的生产过程及各项特征、销售状况、顾客状况、竞争状况、企业的销售政策和制度、推销技术、推销员的任务与职责等。还包括党和国家的方针、政策、法令、经济理论；市场知识；现代市场营销知识；顾客知识；学习业务知识。

推销员的培训主要考虑四个方面因素：培训目标、培训方法、培训效果和培训内容。

3. 推销员的督导

规定时间达到访问次数和目标，规定销售额，给予技术指导，定期报告业务进展、市场状况。

4. 推销员的激励

主要手段有：领导关怀、工资或奖金的增加、物质奖励、职位提升、休假机会以及表扬、关心等辅助手段。

5. 推销员的评价

建立一套包括业绩和素质在内的评估指标体系，随时收集有关的资料、数据，以准确地评价推销员的工作。

6. 推销员的报酬

以推销绩效为主要依据，同时考虑其他部门和其他企业推销员的报酬水平。报酬形式主要有：固定工资、佣金制、固定工资和佣金复合制，还包括非契约性奖金及各种补贴。

四、人员推销的基本技术

1. 推销技巧

用以解决实际推销过程中的具体问题的一些比较实用的方法。

2. 谈判艺术

处理推销过程某些特定问题所使用的方法。

3. 关系管理

用来指导推销员与顾客建立长期、稳固的业务和人际关系，以便获得更多销售机会的一门艺术。

五、促成购买行为的方法

1. 优点汇集法

即把消费者感兴趣的商品优点与从中可得到的利益汇集起来，在推销结束前将其集中再现，促成其购买行为。

2. 假定法

即假定消费者已经购买，然后询问其所关心的问题，或谈及其使用商品的计划，以此促进购买。

3. 优惠法

即利用消费者追求实惠的心理，通过提供优惠条件，促使其立即购买。

4. 保证法

即通过售后服务保证，如包修、包换、定期检查等，克服消费者购买的心理障碍，促成购买行为的实现。

【案例】

乔·吉拉德，因售出13 000多辆汽车创造了商品销售最高纪录而被载入吉尼斯大全。他曾经连续15年成为世界上售出新汽车最多的人。销售是需要智慧和策略的事业，在乔·吉拉德的背后，有自己独特的成功诀窍——

250定律：不得罪一个顾客（在每位顾客背后，都站着与他比较亲近的约250个人）。

名片满天飞：向每一个人推销。

建立顾客档案：更多地了解顾客。

猎犬计划：让顾客帮助你寻找顾客。

推销产品的味道：让产品吸引顾客。

诚实：推销的最佳策略。

每月一卡：真正的销售始于售后。

乔·吉拉德还有一句名言："我相信推销活动真正开始是在成交之后而不是之前。"

【任务互动】

任务内容：了解优秀推销员必备的条件。

任务目的：具备优秀推销员的特质。

任务步骤：第一步，找出一位优秀的推销员；第二步，分析推销成功的原因。

任务建议：小组讨论，每组代表发言。

六、人员推销的沟通技巧

1. 善听

讲究礼仪，学会善于倾听，要用心听、耐心听、适时听、会心听，记住听的要点并适当做些记录。

2. 巧问

有启发式询问、暗示性询问、商量式询问、选择性询问等方式。提问方式和内容要让对方乐于回答。

3. 妙说

以幽默而巧妙的回答化解对方的提问；灵活地选择恰当的方式委婉拒绝；用模糊而不

明确的语言应付对方发难提问，转移话题；以诚恳的解释和歉意来直抒己见。

小贴士

"二择一"推销就是不管顾客买不买，先假定顾客同意购买，提供两种方式供选择，诱导顾客按推销员设计的思路作出购买决定的一种推销方法。

【课堂思考与练习（四）】

1. 人员推销有哪些优缺点？
2. 推销人员应具备哪些素质？

项目 5 营业推广策略

一、营业推广的概念

营业推广是指企业通过直接显示，利用产品、价格、服务、购物方式与环境的优点、优惠或差别，以及通过推销、经销奖励来促销的一系列方式的总和。营业推广色彩纷呈，能给消费者留下深刻的影响。

营业推广的特点是刺激需求显著，经济效果显著，但具有一定的局限性。营业推广很少单独使用，一般是作为广告或人员推销的辅助手段。

二、营业推广的适用性

（1）营业推广适用于对消费者和中间商开展促销工作。
（2）营业推广适用于品牌忠诚度较弱的消费者。
（3）营业推广更多地为市场占有率较低、实力较弱的中小企业采用。
（4）营业推广适用于产品生命周期处于进入阶段和成长阶段的产品。
（5）营业推广适用于打破顾客对竞争对手的长期偏好。

【案例】

美丽存折

"美丽存折"是北京一家美容院在开店之际推出的一项招揽顾客的新方法。该美容院在"美丽存折"中已为消费者存入了 100 元现金和体验消费项目（10 项）。消费者只需花费 90 元购买"美丽存折"。消费者凭"美丽存折"即可免费体验存折中所设定的10项消费项目，如果消费者购买相关产品或服务项目（月卡、季卡），凭此存折可充抵现金100元。“美丽存折”活动推出一个月，美容院新增会员数量400余人，取得了很好的效果。

（来源：张润琴．市场营销基础．北京：高等教育出版社，2008）

思考：

1. 试分析该美容院“美丽存折”促销活动成功的原因。

2. 请结合所学知识，为此项促销活动提两点改进的建议。

分析：

1. 成功的原因：

（1）促销形式新颖容易引起消费者的注意；

（2）强力的促销诱因（100元现金、10项消费项目），增加了消费者对各个消费项目的体验欲望；

（3）消费者花90元购买“美丽存折”，打消了消费者认为只有劣质产品才进行促销的认识，同时也杜绝了一些爱占小便宜的消费者，并增加了消费者对促销活动的信任度；

（4）目的明确——招揽顾客。因此，尽管前期美容院的成本确实有所增加，但与快速形成消费群体相比，增加的成本还是值得的。

2. 改进建议：

（1）核算、考虑整个促销活动的成本；

（2）“美丽存折”可分“限量免费发放”和“低价购买”两种方式进行。

三、营业推广的方式

营业推广主要包括三种推广方式：鼓励推销员的营业推广方式；鼓励消费者的营业推广方式；鼓励批发商、零售商的营业推广方式。

营业推广的具体方式有：①免费试用；②赠送样品；③代价券；④退款；⑤特价包装；⑥赠送礼品；⑦有奖销售；⑧交易印花；⑨奖励；⑩产品保证；⑪陈列表演；⑫产品展销、订货会；⑬交易折扣；⑭消费信贷；⑮联合推广；⑯竞赛游戏；⑰优惠券；⑱监督；⑲免费旅游；⑳俱乐部制和VIP卡制等。

【案例】

兑奖风波

某日，某商场推出一则促销广告：“即日起，在商场内举办摸球有奖销售活动，凡每天购买50元商品者可免费摸奖一次，多买多摸，当场兑现。”一位顾客得知这个宣传后，便专程到商场买了一台价格2 400元的空调，当晚到商场参加摸奖，据商场促销广告规定：顾客如果摸到印有“9、6、9”数字的乒乓球，就可获得头等奖5 000元。然而当这位顾客拿着乒乓球来兑奖时，商场门市部的负责人却以“6”和“9”形体相反为由，拒不承认。后来该顾客跑到当地消费者协会去投诉，商场最后给了这位顾客奖金5 000元，但由此企业形象却受到了很大影响，这位顾客从此再也不去那家商场购物，同时一传十、十传百……

分析：

信誉是现代商家的生存之本，既然承诺就要兑现，为了眼前的蝇头小利而不惜牺牲自己承诺的行为，不仅会对自身的品牌形象带来极坏的负面影响，也会在日益激烈的商业竞争中使自己的路越走越窄。这一事件说明该商场推出的这则促销方案内容不严密，随意性太大，须在今后的工作中改进，杜绝这类事件的再次出现。

四、营业推广的实施

1. 确定目标

营业推广目标的确定，就是要明确推广的对象是谁，要达到的目的是什么，企业的营业推广目标必须是与企业的营销组合方案相匹配并为之服务的。

2. 选择营业推广工具

主要考虑的因素有市场的类型、企业希望得到的效果、竞争者的策略，特别应对准备采纳的每一种营业推广工具的成本效益进行深入的分析。

3. 制订详细的实施方案

刺激的力度、刺激对象的范围、实施的途径、持续的时间、制定预算。

4. 预试营业推广方案

为保证大规模营业推广的安全性和有效性，对已经拟订的方案进行测试。主要内容有：刺激力度对消费者的效力、顾客的反应、所选用工具的适当预算能否满足需要以及实施的途径等。

【任务互动】

任务内容：营业推广的实施方案。

任务目的：掌握营业推广方案的实施步骤。

任务步骤：第一步，拟定营业推广的计划；第二步，小组讨论并模拟演练。

【案例】

从2000年底开始，全球经济不景气，IT行业全面裁员，市场环境不容乐观，直接影响到国内IT业的发展步伐。作为中国信息产业的领头羊——联想集团，其著名的联想家用电脑一直是引领中国PC市场的主旋律，在亚太地区的市场占有率为第一位。面对低迷的市场，2001年4月底，联想决定全面启动液晶电脑市场，寻求新的增长点。

蓝色光标公司执行了联想液晶电脑前后四个阶段全部的公关策划及实施工作：第一阶段，发布跌破万元的液晶电脑上市信息；第二阶段，召开首次消费者IT发布会；第三阶段，与全球六大液晶签约显示巨头进行联盟；第四阶段，掀起全民液晶风暴。

思考：

联想是如何利用广告、公关、营销等方式进行其液晶电脑市场推广的？

分析：

为产品的推出造势，创造有利于液晶电脑消费的环境；利用发布会和促销刺激消费，促成消费；出新招吸引媒体和消费者的眼球，奠定联想在液晶电脑方面的领军地位。

【课堂思考与练习（五）】

简述营业推广的主要工具有哪些？它的适用性如何？

【模块小结】

本模块主要介绍市场营销组合和四种组合方式：广告、公共关系、人员推销、营业推广。本模块研究的广告是狭义的广告，即商业广告。公共关系是企业利用各种传播手段，沟通内外部关系，塑造自身良好形象，为企业的生产和发展创造良好环境的经营管理艺术。人员推销与潜在顾客直接接触，因而信息沟通是双向性的。营业推广是一种追求短期促销效果的行为，在实施营业推广中应着重做好以下工作：确定目标、选择营业推广工具、制订详细的实施方案、预试营业推广方案。

【练习题】

一、单项选择题

1. 营业推广的着眼点是（　　）。

A. 促进商品在未来时期的销售　　B. 促进当前商品的销售

C. 提高投资回收率　　D. 进行成本控制

2. 某服装公司准备为一类新款的妇女时装做广告，若要使广告更具吸引力，其宜采用的媒体是（　　）。

A. 报纸广告　　B. 街头广告牌

C. 广播广告　　D. 彩色印刷的杂志广告

3. 以下几种广告媒体中，效果最好、费用最高的是（　　）。

A. 报纸　　B. 电视　　C. 杂志　　D. 广播

4. 当产品处于其市场生命周期的试销期时，促销策略的重点是（　　）。

A. 认识了解商品，提高知名度　　B. 促成信任、购买

C. 增进信任与偏爱　　D. 满足需要的多样性

5. 促销工作的核心是（　　）。

A. 刺激消费者　　B. 诱导消费者　　C. 获取利润　　D. 信息沟通

6. 消费者市场应采取的促销方式是（　　）。

A. 广告宣传　　B. 公共关系　　C. 人员推销　　D. 营业推广

7. 生产者市场应采取的促销方式是（　　）。

A. 广告宣传　　B. 公共关系　　C. 人员推销　　D. 营业推广

8. 四种促销方式中最古老的是（　　）。

A. 广告宣传　　B. 公共关系　　C. 人员推销　　D. 营业推广

9. 推销策略是指（　　）。

A. 推销员通过“劝讲”来刺激顾客反应

B. 推销员通过“劝讲”来引起顾客交谈兴趣

C. 推销员通过“劝讲”来引起顾客需要

D. 推销员通过“劝讲”来引起顾客购买行为

10. 下列促销方式中被称为特殊推销的是（　　）。

A. 人员推销　　B. 直销　　C. 营业推广　　D. 谈话推销

11. 在众多广告媒体中，广告效果最好的是（　　）。

A. 电视　　B. 广播　　C. 报纸　　D. 广告牌

12. 属于“拉引策略”的促销活动的是（　　）。

A. 演示推销　　B. 信誉推销　　C. 销售后的服务　　D. 设点推销

13. 在建立购买者知晓方面，效率最差的促销工具是（　　）。

A. 广告　　B. 营销推广　　C. 人员推销　　D. 宣传报道

14. 专业性强且复杂的商品最多采用的促销方式是（　　）。

A. 广告　　B. 人员推销　　C. 宣传报道　　D. 营销推广

15. 企业以非付费方式通过各种大众传播媒介来宣传企业及其产品，以达到促进销售目的的方式是（　　）。

A. 广告　　B. 宣传报道　　C. 人员推销　　D. 营销推广

16. 在（　　），企业应把促销规模降到最低限度，以保证足够的利润收入。

A. 成长期　　B. 成熟期　　C. 衰退期　　D. 产品介绍期

17. 广告中如需传播大量的技术资料信息，则应选择（　　）。

A. 杂志　　B. 报纸　　C. 广播　　D. 电视

18. 下列各种促销手段中，不属于营业推广形式的是（　　）。

A. 赠送样品　　B. 有奖销售　　C. 推销介绍　　D. 推销竞赛

19. 根据目前或预期的销售额来确定促销费用水平，使促销费用占销售额一定比例的

促销预测方法是（　　）。

A. 竞争对策法　B. 目标任务法　C. 销售额比例法　D. 量入支出法

20. 广告的四大媒体通常是（　　）。

A. 报纸、杂志、广播、电视　B. 报纸、杂志、电视、电影

C. 电视、报纸、橱窗、路牌　D. 报纸、杂志、电视、橱窗

21. 企业在确定广告目标之后，下一步即要确定（　　）。

A. 媒体采购　B. 广告人员　C. 广告预算　D. 广告形式

22. 就某方面情况向公众介绍、宣传或作出说明的广告叫作（　　）。

A. 公益广告　B. 劝说广告　C. 告知广告　D. 提示广告

23. 能引人注意、送达率高，但成本大、展瞬即逝的广告媒体是（　　）。

A. 杂志　B. 报纸　C. 广播　D. 电视

二、多项选择题

1. 促销的方式主要有（　　）几种。

A. 人员推销　B. 广告　C. 营业推广　D. 公共关系

2. 以下属于营业推广的促销方式是哪几种？（　　）

A. 订货会与展销会　B. 优惠券　C. 赠品促销

D. 为残疾人举行义演　E. 上门推销

3. 产品进入成熟期后，可同时采用以下促销手段（　　）。

A. 人员推销　B. 广告宣传

C. 公共关系　D. 营业推广　E、季节折扣

4. 下列促销活动中属于公共关系的是（　　）。

A. 赞助　B. 募捐　C. 回扣　D. 赠品

5. 人员推销作为一种促销方式，其优点有（　　）。

A. 沟通信息直接　B. 反馈及时

C. 可当面促成交易　D. 节省人力

6. 促销组合就是将（　　）等促销方式进行组合的策略。

A. 广告　B. 公共关系　C. 营业推广　D. 人员推销

7. 产品生命周期一般分为四个阶段，处于不同阶段的产品，促销的重点目标不同，所采用的促销方式也有所区别，处于成熟期的产品可采用（　　）的促销策略。

A. 广告　B. 营业推广　C. 人员推销　D. 公共关系

8. 目前，企业常用的促销预算方法主要有（　　）。

A. 量力支出法　B. 销售额比例法　C. 竞争对等法　D. 目标任务法

9. 企业要运用人员推销方式开展促销活动，就要了解人员推销具有（　　）的特点。

A. 选择性　B. 控制性　C. 情感性　D. 双向沟通性

10. 企业每一阶段营销目标不同，广告目标也不尽相同，归纳起来主要有（　　）。

A. 告知广告　B. 劝说广告　C. 提示广告　D. 以上均不正确

11. 营业推广作为一种短期促销措施，在使用时一般分为（　　）等步骤。

A. 确定营业推广目标　　　　　　　　B. 选择营业推广方式
C. 制订营业推广方案　　　　　　　　D. 测试营业推广方案

12. 以下营业推广方式中属于适合推销人员的营业推广方式有（　　）。

A. 销售竞赛　　B. 超额提成　　C. 赠送礼品　　D. 年终分红

13. 公共关系作为促销策略组合中一种主要工具，在开展时必须遵循（　　）的原则。

A. 真实性原则　　B. 平等互利原则　　C. 整体一致原则　　D. 全员公关原则

14. 宣传报道作为一种促销方式，具有（　　）的特点。

A. 第三者出资　　B. 客观性　　C. 真实性　　D. 被宣传者出资

15. 可供宣传报道选择的方式主要有（　　）。

A. 提供实证或间接证明　　　　　　B. 科学论证产品性能
C. 宣传产品特色或经营特色　　　　D. 举行报告会、新闻发布会

三、判断题

1. 使用拉动策略的制造商集中促销努力在消费者身上。（　　）
2. 劝说性广告的目的是为特定的厂牌确定选择性的需求。（　　）
3. 利用和创造新闻来提高知名度是营业推广活动的主要方式。（　　）
4. 从促销预算来看，广告的成本最高，人员促销的成本最低。（　　）
5. 营业推广具有接触面窄、有局限性和有时会降低商品身份等缺点。（　　）
6. 在产品的成长期营业推广和宣传报道仍须加强，广告可相对减少。（　　）
7. 俗话说："买卖不成仁义在。"这是指人员推销这种促销方式与其他促销方法相比更具有情感性。（　　）
8. 电视广告形象、生动、逼真，感染力强，而且费用低廉。（　　）
9. "可口可乐杯主持人大赛"属于公共关系中的公关宣传。（　　）
10. "推动"策略，人员推销的作用最大，"拉引"策略，广告的作用更大一些。（　　）
11. 在顾客购买过程的购买阶段，应以广告为主。（　　）
12. 企业在确定长远计划时适合采用促销预算中的销售额比例法。（　　）
13. 人员推销组织形式中的顾客结构式适宜于顾客比较集中，用户规模较大，分销渠道比较稳定的企业。（　　）
14. 宣传报道是由被宣传者出资进行的，因此不具有客观性和真实性。（　　）

四、案例分析

西塘老酒是怎样从"丑小鸭"变成"白天鹅"的

黄酒，有着"世界三大古酒"之一的美名，然而，长久以来，黄酒的市场表现却难负其名。在人们的心目中，黄酒始终不及白酒的尊贵地位。

2006 年，一支黄酒品牌的崛起，打破了黄酒行业的传统营销法则。浙江嘉善黄酒旗下的西塘老酒，通过 1 年左右的整合营销传播，在浙北、苏南、上海地区，品牌影响扶摇直

上，一举摆脱了嘉善黄酒的陈旧感，销量节节攀升。北京、山东、山西等省外的许多经销商也对西塘老酒产生了浓厚的兴趣，产品开始由区域走向全国，不仅如此，产品零售价也突破嘉善黄酒低端黄酒的形象桎梏，一举进入中、高端市场。

2006 年初，西塘老酒为把自己打造成嘉善黄酒中的“新贵族”，采取了捆绑古镇文化，借助公关事件发力，创造了“新黄酒行销模式”。“千年古镇，百年陈酿”，使西塘老酒跨入黄酒品牌中的“中产阶级阵营”。在市场上，西塘老酒理直气壮地卖出了 30 多元的零售价，真正成为一款经典好酒。

随后，西塘老酒又发起了一系列的促销活动。3 月初，中国旅游小姐决赛将在西塘举办，这是 2006 年西塘的一件大事，西塘老酒在活动前夕和进行期间展开了一系列巧妙的推广手段。在西塘镇公路的入口处，西塘老酒的广告扑面而来，达到了“西塘未到酒先到，美景未见人先醉”的效果。在旅游景点处设立了西塘老酒专卖店，使西塘老酒成为古镇的文化产品之一，海内外游客将之作为礼物纷纷购买。旅游小姐决赛举行期间，在决赛现场投放广告，同时在各个旅游景点发放品牌宣传页，其效果是随处可以看见拿着西塘老酒的游客，使其品牌影响力得到很大程度的提升。

2006 年 4 月 16 日晚，“唱响 2008，走进西塘”大型晚会在西塘盛大开演，同时举行“2006 中国嘉善古镇·西塘国际文化旅游节”闭幕式，影响力非常大，中国内地、港台明星纷纷登台，观众非常喜爱的那英、齐秦、苏永康、李光曦、张靓颖当晚均演唱了经典的歌曲。西塘老酒借势促销。在晚会门票的背面印制西塘老酒形象广告，直接影响近 1 万名消费者。晚会现场投放高 2.8 米、宽 6 米的广告牌，晚会前后共发放了 4 万份单页、20 余万份宣传海报，借助晚会的巨大影响力，使其品牌认知度和美誉度再上一个台阶。活动结束几周后，嘉善、嘉兴两地的经销商频频传来喜讯，产品销量大幅抬头，更多的经销商对西塘老酒产生了兴趣，松江、苏州等地的经销商纷之向嘉善黄酒要求合作。

由嘉善县委宣传部、县文广局和丁栅镇联合举办的“2006 浙江丁栅·嘉善田歌节”于 5 月 21 日在丁栅镇拉开序幕。嘉扇黄酒方面积极与主办方磋商，多方探讨，最终成为田歌节晚会全场用酒，在晚会现场，西塘老酒投放了巨大的活动背景板广告，同时赞助上海皮影剧团、浙江省歌舞团活动道具，田歌节期间，西塘老酒不仅得到了政府官员的垂青，也得到了各地文艺专家们的青睐。

西塘老酒的促销还采用买赠的形式，赠品包括打火机、台卡以及嘉善其他产品等，经销商反应热烈，终端得到了有效的控制。2006 年 10 月份的调研发现，将近 7 成消费者都对西塘老酒有一定程度的认知，在松江，整体销量比 2005 年翻一番，在嘉善，销量提升范围则更大，在省外西塘老酒也开始迎来曙光。2006 年底，统计显示，西塘老酒不仅销量高幅增长，而且为企业的盈利作出了不俗的贡献，同时其中高端的品牌形象为嘉善黄酒整体形象的提升打下了基础，推动了其他产品销量的提升。伴随着西塘老酒走出区域，走向全国，嘉善黄酒将整体迎来品牌新的辉煌期。

（来源：张润琴．市场营销基础．北京：高等教育出版社，2008）

思考：

西塘老酒在这一过程中主要采取了哪些促销策略？

【技能实训】

1. 实训名称：产品推销模拟。

2. 实训目的：

培养学生的营销实践操作能力，认知对经营活动的影响。对超市进行促销和促销组合分析，然后为其进行促销活动策划，并写出某某超市促销活动策划书。

3. 实训组织：

（1）人员：4～5人组成小组，选定小组长，以小组为单位进行训练。

（2）时间：与课程模块九教学同步。

（3）地点：多媒体教室或营销实训室。

5. 实训要求：

（1）精心进行促销和促销组合知识和相关资料准备。

（2）认真选择调查分析对象（××超市），妥善安排时间。

（3）运用所学知识深入分析，指出其成功与失误之处。

（4）新的促销活动构思。

（5）撰写“××超市促销活动策划书”。

5. 实训评价：

（1）小组互评。

（2）教师点评。

参考文献

1. 中国就业培训技术指导中心. 营销师基础知识. 北京：中央广播电视大学出版社，2006.

2. 杨如顺. 市场营销学. 北京：中国商业出版社，1998.

3. 彭石普. 市场营销原理与实训教程. 北京：高等教育出版社，2006.

4. 崔利群，苏巧娜. 推销实务. 北京：高等教育出版社，2002.

5. 徐德志. 名牌企业与广告策划. 广州：广东旅游出版社，1996.

6. 蔡燕农. 市场营销案例分析. 北京：中国物资出版社，1995.

7. 周培玉. 商务策划管理教程. 北京：中国经济出版社，2006.